汽车行驶与转向系统维修

主　编　杨　洋　杨咏馨
副主编　张晋源　谢　越　张　静
参　编　张甫均　温逸云　陈志丰　李知行

重庆大学出版社

内容提要

本书根据汽车检测与维修专业的教学标准及"1+X"证书职业技能等级标准编写而成。本书借鉴了国际职业教育的先进教学理念,突出了"以行业需求为导向、以能力为本位、以学生为中心"的原则,并按照行业典型工作任务设计教学内容,着重介绍了汽车轮胎、汽车悬架系统、汽车转向系统的基本结构、原理、维修程序、故障诊断,以及汽车四轮定位的原理和检测调整程序。本书针对学生的学习特征设计教学活动,将教学活动与模拟或真实的工作场所相融合,采用动态的教学鉴定与教学评估,使学习者"动中学、学中练、练中用",满足学习者的学习需求。

本书可作为高职高专汽车专业学生的学习用书,也可作为汽车维修、服务专业人员的培训用书。

图书在版编目(CIP)数据

汽车行驶与转向系统维修/杨洋,杨咏馨主编. --
重庆:重庆大学出版社,2023.8
高职高专汽车检测与维修技术专业系列教材
ISBN 978-7-5689-4096-2

Ⅰ.①汽… Ⅱ.①杨… ②杨… Ⅲ.①汽车—行驶系
—车辆检修—高等职业教育—教材 ②汽车—转向装置—车
辆检修—高等职业教育—教材 Ⅳ.①U472.41

中国国家版本馆 CIP 数据核字(2023)第 150376 号

汽车行驶与转向系统维修
QICHE XINGSHI YU ZHUANXIANG XITONG WEIXIU
主 编 杨 洋 杨咏馨
策划编辑:苟荟羽
责任编辑:张红梅 版式设计:苟荟羽
责任校对:王 倩 责任印制:张 策

*

重庆大学出版社出版发行
出版人:陈晓阳
社址:重庆市沙坪坝区大学城西路21号
邮编:401331
电话:(023)88617190 88617185(中小学)
传真:(023)88617186 88617166
网址:http://www.cqup.com.cn
邮箱:fxk@cqup.com.cn(营销中心)
全国新华书店经销
重庆市远大印务有限公司印刷

*

开本:787mm×1092mm 1/16 印张:9.5 字数:228 千
2023 年 8 月第 1 版 2023 年 8 月第 1 次印刷
印数:1—1 000
ISBN 978-7-5689-4096-2 定价:35.00 元

前　言

汽车行驶与转向系统维修是汽车检测与维修专业学生的必备技能,其对应课程为专业核心课程。该课程主要讲授汽车轮胎、悬架系统、转向系统的构造、工作原理、故障诊断、拆装维修等方面的知识,培养学生对汽车轮胎、悬架系统、转向系统、四轮定位系统的检修能力。在"校企合作、工学结合"理念的指导下,汽车检测与维修专业教学团队结合"能力标准、课程体系、职业证书"三位一体的汽车维修高技能人才培养模式,根据专业教学标准及"1+X"证书职业技能等级标准编写了本书。

本书借鉴国际职业教育先进理念,按照岗位能力要求组织内容:以情境任务导入学习主题,增强学习内容的代入感;学生自主完成设置的学习任务,不仅有助于发挥学生的主观能动性,也有助于教师发现难点,着重讲解;学习活动鉴定单有利于学生自我鉴定和教师鉴定并收集资料。设计的教学活动符合高职学生学习特点,可通过多种方式培养学生分析和解决问题的能力。同时,依据《高等学校课程思政建设指导纲要》文件精神,结合专业课程特点,将爱岗敬业、工匠精神、劳动精神、创新精神等融入教材,使学生秉承全心全意为人民服务的宗旨,树立成为大国工匠、能工巧匠的志向,坚定为实现中华民族伟大复兴中国梦贡献力量的决心,增强使命担当。

本书共分为4个项目,17个学习任务,所有任务均来自企业典型工作任务。本书由重庆工业职业技术学院杨洋、杨咏馨担任主编;重庆工业职业技术学院张晋源、谢越、张静担任副主编;重庆工业职业技术学院张甫均、温逸云、陈志丰和重庆长安汽车股份有限公司李知行参与编写。本书具体分工如下:项目一由杨洋编写,项目二由杨咏馨、张甫均编写,项目三由张晋源、谢越、张静编写,项目四由温逸云、李知行编写,陈志丰参与了全书的文字整理和图片编辑工作。

本书在编写过程中借鉴了行业维修手册和培训教材,谨在此向其作者及资料提供者表示感谢。

由于编者水平有限,书中疏漏之处在所难免,恳请读者和专家批评指正。

编　者
2023 年 2 月

目　录

项目 1　汽车轮胎的检查与维修

◇ 项目学习目标

通过本项目的学习,学习者应具备安全而正确地检查与修补汽车轮胎的能力。具体表现为:

1. 职业目标

(1)能描述汽车轮胎的作用、种类及结构。

(2)能描述汽车轮胎花纹的类型、特点及应用。

(3)能识别汽车轮胎标记。

(4)能描述汽车轮辋的作用、种类以及各类轮辋的结构、特点和应用。

(5)能根据轮辋规格选用轮辋。

(6)能检查汽车轮胎。

(7)能实施轮胎拆装和动平衡作业。

2. 素质目标

(1)培养爱岗敬业的品质,坚持全心全意为人民服务,为客户提供专业的服务。

(2)培养执着专注、精益求精、一丝不苟、追求卓越的工匠精神,立志成为大国工匠、能工巧匠。

(3)培养与客户沟通、与团队协作的能力。

◇ 学习指南

ST1:明确学习目标及相应的知识点、技能点。

ST2:按照学习任务列表完成每一项任务。知识部分任务需在课前完成,完成该部分任务时,可以参考本书提供的学习信息,利用维修手册及各类教学资源库等学习资源;也可以在课前或上课时向任课教师寻求帮助。任课教师在正式行课时展示知识部分任务的完成情况,实现学习交流。

ST3:实操部分任务,可以在正式行课前自行完成,也可以由任课教师在课堂上安排完成。

ST4:完成任务列表后,根据学习活动鉴定单进行自查,并进行知识与技能的补充学习。

ST5:任课教师按照学习活动鉴定单进行知识与技能鉴定,学习者平时的学习过程也可以作为鉴定的依据。

任务 1.1　认识轮胎和轮辋

📖 任务情境

客户抱怨车的轮辋不够美观,希望作为维修技师的你为其选配新的轮辋。你熟悉轮胎和轮辋的相关知识吗？能正确为客户选配合适的轮辋吗？

📖 学习目标与知识点、技能点清单

学习目标	知识点	技能点
1.能描述轮胎的作用及组成	◇汽车轮胎的作用 ◇汽车轮胎的组成	◇描述轮胎的作用及组成
2.能识别轮胎的种类	◇轮胎的分类依据及特点: 　按轮胎组成分类及各类轮胎的特点; 　按胎压高低分类及各类轮胎的特点; 　按胎体结构分类及各类轮胎的特点; 　按防爆性分类及防爆胎的特点	◇识别轮胎种类
3.能描述轮胎花纹的类型、特点及应用	◇纵向花纹的优点、缺点及应用 ◇横向花纹的优点、缺点及应用 ◇纵横向花纹的优点、缺点及应用 ◇越野花纹的优点、缺点及应用	◇识别轮胎花纹
4.能正确描述轮胎标记的含义	◇轮胎胎侧标记 ◇轮胎规格	◇描述轮胎标记
5.能描述汽车轮辋的作用、种类以及各类轮辋的结构、特点和应用	◇车轮的组成及作用 ◇轮辋种类以及各种轮辋的结构、特点和应用	◇识别轮辋
6.能根据轮辋规格选用轮辋	◇轮辋规格 ◇轮辋选用的方法和要求	◇选配轮胎和轮辋

📖 学习任务

知识部分任务

一、汽车轮胎的作用、重要性及组成

1. 轮胎安装在金属轮辋上,直接与路面接触,具有以下作用:

负荷:_____

使乘坐舒适:_____

牵引和制动:_____

稳定操纵:_____

2. 轮胎是车辆与地面唯一的接触部件,一条轿车轮胎的接地面积相当于人的手掌大小,在如此小的面积里轮胎要承受来自各个方向的巨大力量,如_____、_____、_____、_____。所以,汽车轮胎必须满足一定要求。请思考:汽车轮胎应满足哪些要求?

_____

_____

二、轮胎种类

目前,绝大多数汽车采用充气轮胎,根据不同的分类标准,轮胎有不同的种类:

根据有无内胎,轮胎分为有内胎轮胎和_____轮胎。

根据轮胎的充气压力不同,轮胎分为高压胎、低压胎和超低压胎。请查阅资料,将图1-1补充完整。

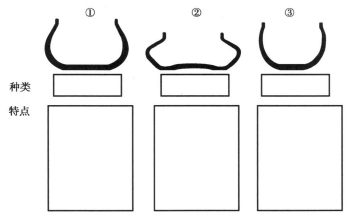

图 1-1 轮胎分类

根据结构不同,轮胎分为斜交式轮胎、带束斜交式轮胎和子午线轮胎。请查阅资料进行连线。

斜交轮胎

子午线轮胎

带束斜交轮胎

三、轮胎花纹

1. 我们知道鞋底的花纹可以防滑,轮胎上也有花纹,而且有纵向的、横向的、纵横向混合的,那么轮胎的花纹有哪些作用呢?

_____

_____

2. 请查阅资料,将下表补充完整。

轮胎花纹类型	优　点	缺　点
横向花纹		
纵向花纹		
纵横向混合花纹		

四、轮胎标记

通常,轮胎侧面会有由英文和数字构成的标记,如图 1-2 所示,这些标记代表什么含义呢?请查阅资料,将下面两个表格补充完整。

图 1-2　轮胎侧面标记

代　号	代号含义	单　位
P		—
245		
75		
R		—
16		
109		
S		

轮胎胎侧标记	含义解释
	615 kg： 350 kPa： 51 psi：
	DOT：　　　　　　　OCWC： 05BX：　　　　　　　3513：
	M+S：
	RSC：
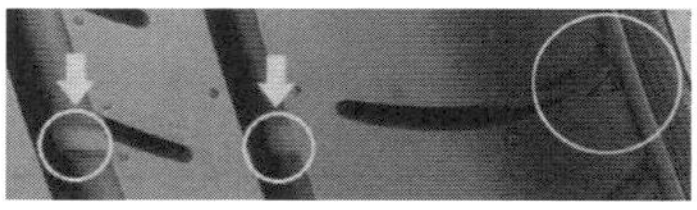	
	TREADWEAR 240： TRACTION A： TEMPERATURE A：
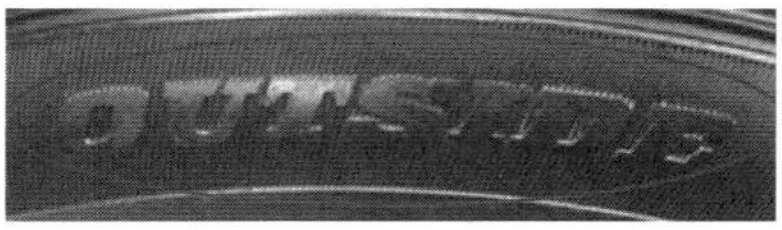	OUTSIDE： INSIDE：
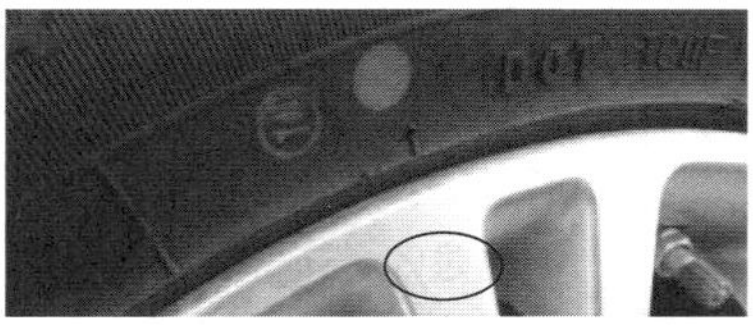	轮胎上彩色点标记： 轮辋上彩色点标记：

五、车轮组成与轮辋结构

1. 轮辋俗称轮圈，是支撑轮胎的部件。请查阅资料，指出下列轮辋标记的含义。

10×3.50C：_____

9.00-20：_____

8.00 V-22：_____

15×5.5 JJ：_____

2. 轮胎和轮辋必须匹配,就像我们的脚和鞋子必须合适一样。如果你看中了一个8.0 J 的轮毂,那么轮胎的断面宽度选择多少合适呢? 请查阅资料回答问题。

轮胎和轮辋的选配原则:_____

_____

8.0 J 轮毂选择的轮胎断面宽度是:_____

实操部分任务

实际调查 8 组汽车轮胎的规格,并写出它们的含义。

序　号	轮胎规格	含　义
第 1 组		
第 2 组		
第 3 组		
第 4 组		
第 5 组		
第 6 组		
第 7 组		
第 8 组		

📖 学习活动鉴定单

学习目标	鉴定 1	鉴定 2	鉴定 3	鉴定结论	鉴定教师签字
1. 能描述汽车轮胎的作用、重要性及组成				□通过 □不通过	
2. 能识别轮胎的种类				□通过 □不通过	
3. 能描述汽车轮胎花纹的类型、特点及应用				□通过 □不通过	
4. 能正确描述轮胎标记的含义				□通过 □不通过	
5. 能描述轮辋的作用、种类以及各类轮辋的结构、特点和应用				□通过 □不通过	
6. 能根据轮辋规格选配轮辋				□通过 □不通过	

📖 学习信息

1.1.1　轮胎的作用及组成

1）轮胎的作用

轮胎安装在金属轮辋上,直接与路面接触,具有以下作用:

(1)负荷:支撑车体、乘坐人员以及货物的质量。

(2)使乘坐舒适:吸收从路面传来的冲击,起到缓冲作用。

(3)牵引和制动:将发动机或制动器的功率传到路面,使车体启动或制动。

(4)稳定操纵:向预想的方向转弯或保持直行。

2）轮胎的组成

目前绝大多数轿车采用子午线轮胎。子午线轮胎由胎面、胎肩、内衬、胎圈、帘布层和束带层等构成,其结构如图 1-3 所示。

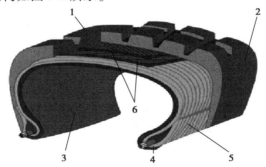

图 1-3　轮胎组成

1—胎面;2—胎肩;3—内衬;4—胎圈;5—帘布层;6—束带层

(1)胎面:轮胎与路面接触的部分,具有良好的耐磨性、耐刺穿性、耐冲击性以及散热性。

(2)胎肩:轮胎的侧壁,由胶料填充胎面两侧下部形成的弹性较大的过渡区。

(3)内衬:也称为气密层,由几乎无法渗透的丁基合成橡胶制成,可防止轮胎内部空气泄漏。

(4)胎圈:轮胎的内边缘,能够使轮胎与轮辋保持接触,将轮胎牢牢地固定在轮辋上。胎圈的周围有一个铁丝圈,用于限制胎圈的膨胀,以保持轮胎内部空间的气密性。

(5)帘布层:由细小的织物纤维(帘线)黏合在橡胶上制成,很大程度上决定了轮胎的强度。

(6)束带层:胎面与帘布层之间的铁丝帘布,其作用是提高胎面刚性,提高耐磨性,防止外部冲击损伤胎体。

1.1.2　轮胎种类

轮胎可根据不同的分类依据分为不同的种类。

1）按轮胎组成分类

轮胎按组成分为有内胎轮胎和无内胎轮胎两种。有内胎轮胎通常由外胎、内胎、衬带 3 个部分组成(图 1-4),高速行驶时温度较高,一旦穿刺,轮胎压力迅速下降。无内胎轮胎俗称真空胎,外胎是由气密性很强的橡胶层交织制成(图 1-5),空气直接充入外胎内,密封性由外胎和轮辋来保证,散热效果好,被刺后漏气缓慢,可以继续行驶,易维修。

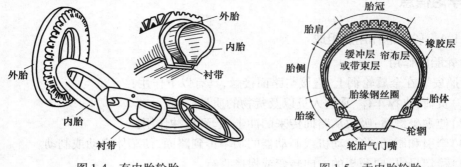

图 1-4　有内胎轮胎　　　　　　　　图 1-5　无内胎轮胎

2）按胎压高低分类

轮胎按胎压高低可分为高压胎、低压胎和超低压胎 3 种。高压胎充气压力一般为 0.5～0.7 MPa,刚度大,但缓冲性能差,已很少采用。低压胎充气压力一般为 0.15～0.45 MPa,弹性好,断面宽,与道路接触面大,壁薄而散热性良好,可以提高汽车行驶的平顺性、转向操纵的稳定性,同时轮胎本身的寿命也得以延长。超低压轮胎充气压力一般低于 0.15 MPa,这种轮胎适宜在沼泽地、疏松雪地等软地面上使用。

3）按轮胎胎体结构分类

轮胎按胎体结构可分为斜交轮胎、带束斜交轮胎和子午线轮胎 3 种。

斜交轮胎(图 1-6)的特点为:帘布层和缓冲层中相邻层帘线交叉,且与中心线成小于 90°的角;胎面和胎侧的强度大,但舒适性差,不适合高速行驶。

带束斜交轮胎(图 1-7)的特点为:在斜交轮胎结构的基础上附加了多条沿轮胎圆周方向安置的带束。

图 1-6　斜交轮胎　　　　　图 1-7　带束斜交轮胎　　　　　图 1-8　子午线轮胎

子午线轮胎(图 1-8)的特点为:帘布层帘线排列方向与轮胎子午端面方向一致,帘线在圆周方向上只靠橡胶来连接,使用寿命长,燃油经济性较好,弹性大,缓冲性能好,附着性能高,承载能力大。

4）按防爆性分类

轮胎按防爆性分为普通轮胎和防爆轮胎。当车辆发生严重爆胎时,胎壁通常会瞬间崩裂,从而使轮胎瞬间失去支撑力,导致车辆重心立刻发生变化,特别是前轮驱动车辆的前轮爆胎,爆胎后瞬间的重心偏移很可能会令车辆失控,为了避免出现爆胎,高端车辆都选装防爆轮胎。防爆轮胎学名为“泄气保用轮胎”,英文缩写 RSC,充气后的轮胎胎壁是支撑车辆质量的主要部位,特别是一些扁平率较大的轮胎,胎壁非常“肥厚”。

1.1.3　轮胎花纹

轮胎花纹的主要作用是增加胎面与路面间的摩擦力,防止车轮打滑,这与鞋底花纹的作用类似。轮胎花纹种类较多,主要有以下 4 种:

1)纵向花纹

纵向花纹轮胎如图 1-9 所示,胎面纵向连续,横向断开。这种花纹的轮胎纵向刚度大而横向刚度小,轮胎抗滑能力也表现出横强纵弱。优点:行驶摩擦力小,高速行驶时的操控性、稳定性和安全性较好,噪声较小,舒适性较好。缺点:驱动力和制动性能相对较弱,爬坡能力较差,排水排石性较差。纵向花纹适用于路况较好的城市路面、高速公路,不适合状况较差的道路,多见于轿车、客车、卡车及轻卡车等车辆的轮胎。

图 1-9　纵向花纹轮胎　　　　　　　　图 1-10　横向花纹轮胎

2)横向花纹

横向花纹轮胎如图 1-10 所示。优点:耐磨性好,轮胎与地面接触面积大,制动力和驱动力表现较出色,爬坡力强。缺点:排水性差,横向附着力小,防侧滑能力差,散热效果不好,噪声较大,在车辆操控灵活性方面不如纵向花纹轮胎。横向花纹能自动甩出花纹里的石子,适用于野外、建筑工地等恶劣砂石路面。

3)纵横向混合花纹

纵横向混合花纹轮胎如图 1-11 所示。这种花纹的轮胎既有纵向花纹轮胎排水性能好、噪声小的优点,又有横向花纹轮胎动力性强的优点,适应能力强,应用范围广。轮胎胎侧标有"ALLSEASON"(四季轮胎)或"M+S"(泥泞和雪)字样的轮胎,就是纵横向混合花纹,胎面中间纵向花纹多为锯齿状或斜纹,横向花纹明显。纵横向混合轮胎适用于包括冰雪路面在内的大多数路况,保证提供充分的牵引、控制和制动性能。缺点:其纵向花纹轮胎和横向花纹轮胎的性能都不突出,且易产生异常磨损。

图 1-11　纵横向混合花纹轮胎　　　　　图 1-12　越野花纹轮胎

4）越野花纹

越野花纹轮胎如图 1-12 所示,专门为泥泞路、沙石路、松软土路和崎岖山路设计,能适用各种恶劣环境和气候。由于越野花纹轮胎的接触压力大,滚动阻力大,因此在路况良好的路面上行驶,易加重花纹磨损,增加燃油消耗,增大振动。

1.1.4 轮胎胎侧标记

轮胎是汽车的重要部件,正确识别汽车轮胎外胎两侧的标记,对轮胎的正确选择和使用具有重要意义。轮胎胎侧有很多数字和英文字母,如图 1-13 所示。

1）商标

商标是轮胎生产厂家的标志,包括商标文字及图案,一般比较突出和醒目,易于辨识,如图 1-14 所示,高标为 MICHELIN。

图 1-13　轮胎胎侧标记　　　　　　　　图 1-14　轮胎商标

2）轮胎规格

轮胎规格是指描述轮胎几何参数与物理性能的数据,目前许多轮胎采用 ISO 国际统一标准,如 P 195／60 R 14 85H,其含义分别是:

P——轿车,另外 T 表示普通车,C 表示货车;

195——轮胎断面宽度为 195 mm,轮胎断面宽度示意图如图 1-15 所示;

图 1-15　轮胎断面宽度示意图

60——扁平率,也称为高宽比,为 60%,扁平率＝断面高度/断面宽度×100%;

R——子午线轮胎,另外 D 表示普通斜交线轮胎,B 表示带束斜交轮胎;

14——轮胎直径为 14 in [1];

85——载荷指数,表示全充气轮胎能够支撑的最大载荷量,其对照表如表 1-1 所示;

H——速度标记,表示正常状态下最大速度的标准,其对照表如表 1-2 所示。

1　in 表示英制单位英寸,1 in≈2.54 cm。

表 1-1　轮胎载荷指数对照表

载荷指数	载重/kg	载荷指数	载重/kg	载荷指数	载重/kg
70	335	83	487	96	710
71	345	84	500	97	730
72	355	85	515	98	750
73	365	86	530	99	775
74	375	87	545	100	800
75	387	88	560	101	825
76	400	89	580	102	850
77	412	90	600	103	875
78	425	91	615	104	900
79	437	92	630	105	925
80	450	93	650	106	950
81	462	94	670	107	975
82	475	95	690	108	1 000

表 1-2　轮胎速度标记对照表

速度符号	速度/(km·h^{-1})	速度符号	速度/(km·h^{-1})	速度符号	速度/(km·h^{-1})
J	100	Q	160	W	270
K	110	R	170	Y	300
L	120	S	180	VR	≥210
M	130	T	190	ZR	≥240
N	140	H	210	ZR（Y）	≥300
P	150	V	240		

3）层级

层级是指轮胎橡胶层内帘布的公称层数,与实际帘布层数不完全一致,是轮胎强度的重要指标,有中文表示方法和英文表示方法两种。如图 1-16 所示,14 层级为中文表示方法;如图 1-17 所示,8 P. R. 即 8 层级,为英文表示方法。

图 1-16　轮胎层级中文表示方法

图 1-17　轮胎层级英文表示方法

4）帘线材料

有的轮胎厂家单独标注,如"尼龙"(NYLON),一般标在层级之后;有的轮胎厂家标注在规格之后,用汉语拼音的第一个字母表示,例如,N 表示尼龙、G 表示钢丝、M 表示棉线、R 表示人造丝。

5)负荷及气压

轮胎上一般标示最大负荷及相应气压,如"MAXLOAD 650 KG AT300 KPA (44PSI) MAX PRESS"表示轮胎最大负荷为 650 kg,轮胎气压为 300 kPa。

6)轮辋规格

轮辋规格表示与轮胎相配的轮辋的规格,如标准轮辋5.00 F。

7)平衡标志

轮胎标有平衡点记号,如图 1-18 所示。

· 轮胎上的标记点 1(通常为红色实心点)是轮胎振动的最大点,直观理解为轮胎的"重点"。

· 轮胎上的标记点 2(通常为黄色空心点)是轮胎振动的最小点,直观理解为轮胎的"轻点"。

· 轮辋上的标记点 3(通常为白色实心点)是轮辋振动的最小点,也就是轮辋的"轻点"。

· 轮辋上的标记点 4(通常为黄色实心点)是轮辋圆周上最重的部位,也就是轮辋的"重点"。

图 1-18　轮胎平衡标志

8)滚动方向

如有箭头(图 1-19)或 OUT SIDE 字样(图 1-20),则表示轮胎有方向性,按箭头所指的方向安装。

图 1-19　轮胎滚动方向

图 1-20　轮胎外侧安装标识

9)磨损极限标志

一条轮胎在出厂前,工厂都会在轮胎两侧胎肩上用印模印出"△"标记,如图 1-21 所示。顺着三角形标记就可以找到胎面上的磨损极限标记,位于胎面花纹沟槽底部,高度为 1.6 mm,如图 1-22 所示。如果发现胎面橡胶花纹块磨损到这一标记位置,就应该立即更换轮胎。

图 1-21　轮胎两侧胎肩磨损标记

图 1-22　轮胎胎面磨损标记

10)DOT 标记

DOT 标记表示此轮胎符合美国运输部规定的安全标准,在 DOT 代码后面的字母和数字表示制造厂商、工厂代码以及轮胎的生产日期,轮胎的生产日期以年和周来表示,后两位数代表年,前两位数代表周,如图 1-23 所示,1717 代表是 2017 年第 17 周生产的轮胎,0417 代表 2017 年第 4 周生产的轮胎。

图 1-23　轮胎 DOT 和生产日期标记

11)胎侧其他标记

胎侧其他标记表示生产许可证号及其他附属标志,常见的有质量认证标志、轮胎适用路面标记、有无内胎标记、帘线材料标记。

(1)质量认证标志

• CCIB——在中国销售的进口轮胎,必须在胎侧显眼位置镌刻;

• E 或 ECE——欧盟的质量认证标志;

• DOT——通过了美国和加拿大政府运输部门认证的标志;

• JIS——通过了日本质量认证的标志;

• ISO 9000、ISO 9001、ISO 9002——国际质量认证标志。

(2)轮胎适用路面标记

• 如果胎壁上画有一个小雨伞标记,表明适合在雨天或湿滑路面上行驶。

• "M+S"指适合在泥地和雪地行驶。

• "ALL SEASON"或"A+S"指全天候型轮胎,不论夏天还是冬天都适用。

(3)有无内胎标记

• TUBELESS——无内胎轮胎。

• TUBE——有内胎轮胎。

(4)帘线材料标记

轮胎尺寸标记后面有时会以拼音第一个字母表示该轮胎的帘线材料。例如,"M"表示棉帘线,"R"表示人造丝帘线,"N"表示尼龙帘线,"G"表示钢丝帘线,"Z"表示子午线帘线,没有字母则表示棉质帘线轮胎。

12)3T 标记

国际上要求轿车轮胎上必须有"3T"标志,如图 1-24 所示。

图 1-24　轮胎 3T 标志

● TREADWEAR——磨耗指标,用于衡量轮胎胎面耐磨性能和使用寿命。一般大于 180 的轮胎比较耐磨,属于经济取向的设计;小于 180 是性能取向的设计,虽然橡胶软,磨损快,但抓地性好;低于 100 是赛车用的热融胎,一场比赛下来就报废了。

● TEMPERATURE——温度指标,用于衡量轮胎行驶时升温的高低,与轮胎高速性能相关。A 级为特优,能以 185 km/h 的速度连续行驶 30 min;B 级为良好,速度能达到 160 km/h;C 级指 B 级以下的轮胎。

● TRACTION——牵引力指标,用于衡量轮胎与地面的附着性能,A 级为特优,指干、湿地都有优良表现;B 级为良好,指干、湿地都适合;C 级为一般,无论干、湿地表现都不够好。

1.1.5　车轮的组成及作用

广义上,车轮是指轮辋和轮胎;狭义上,车轮是指支撑轮胎的金属部件。本节讲的是狭义上的车轮,车轮是汽车运行中承受负荷的旋转部件,主要由轮辋、轮辐和轮毂 3 个部分组成。车轮轮辋外面安装着轮胎,中间是轮辐,中心通过轮毂装在车轴上,如图 1-25 所示。

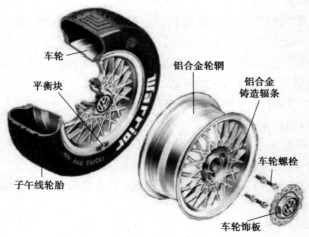

图 1-25　车轮组成

1)轮辋的类型

轮辋俗称轮圈,是在车轮上周边安装和支撑轮胎的部件,与轮辐、轮毂组成车轮。

（1）按照轮辋材质不同分类

轮辋按材质不同通常分为钢轮辋和合金轮辋。

①钢轮辋。

优点：制造工艺简单，成本低，抗金属疲劳能力强。

缺点：质量大，惯性阻力大，散热性较差。

②合金轮辋。

优点：质量轻、制造精度高、强度大、惯性阻力小、散热能力强、视觉效果好。

缺点：制造工艺复杂、成本高。

合金轮辋多以铝为基本材料，适当加入锰、镁、铬、钛等金属元素而成。和钢轮辋相比，合金轮辋具有节能、安全、舒适等特点，所以越来越多的汽车把合金轮辋列为标准配置。

（2）按照轮辋的结构形式分类

轮辋根据主要组成零件的个数不同，分为一件式轮辋、二件式轮辋、三件式轮辋、四件式轮辋、五件式轮辋。一件式轮辋具有深槽的整体式结构，如图1-26（a）所示。二件式轮辋可以拆卸为轮辋体和弹性挡圈2个主要零件，如图1-26（b）所示。三件式轮辋可以拆卸为轮辋体、挡圈和锁圈3个主要零件，如图1-26（c）所示。四件式轮辋可以拆为轮辋体、挡圈、锁圈和座圈4个主要零件，也可以拆为轮辋体、锁圈和2个挡圈，如图1-26（d）所示。五件式轮辋可以拆卸为轮辋体、挡圈、锁圈、座圈和密封环5个主要零件，如图1-26（e）所示。

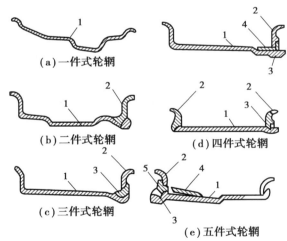

（a）一件式轮辋　（b）二件式轮辋　（d）四件式轮辋　（c）三件式轮辋　（e）五件式轮辋

图1-26　轮辋结构形式示意图

1—轮辋体；2—挡圈；3—锁圈；4—座圈；5—密封环

2）轮辋的规格及选用

（1）轮辋的规格

在ISO质量认证体系中，汽车轮辋规格标记为：

轮辋名义宽度 字母 ×（—）轮辋名义直径

或者

轮辋名义直径 字母 ×（—）轮辋名义宽度

其中，轮辋名义直径与名义宽度的单位为in；中间的符号"×"表示一件式轮辋，"—"表示多件式轮辋;轮辋名义直径相当于轮胎名义直径;字母有 E、F、J、JJ、KB、L、V 等 13 种规格,是轮辋轮廓类型代号,轮廓类型代号包括了公差、轮辋深度及圆弧位半径等参数,具体数据可参考相关资料。

例如,丰田轿车的轮圈是 6.5J×15,表示:

6.5——轮辋名义宽度为 6.5 in;

J——轮廓类型代号是 J 级;

×——一件式轮辋;

15——轮辋名义直径为 15 in。

又例如,北京 BJ2020 型汽车轮辋为 4.50E×16,表示:

4.5——轮辋名义宽度是 4.50 in;

E——轮廓类型代号是 E 级;

×——一件式轮辋;

16——轮辋名义直径为 16 in。

(2)轮辋的选用

轮辋是轮胎的装配和固定基础,当轮胎装入不同轮辋时,其变形位置与大小也发生变化。每一种规格的轮胎,最好配用规定的标准轮辋,必要时也可配用规格相近的轮辋。如果轮辋选用不当,会造成轮胎早期损坏,特别是使用过窄的轮辋。为了提高轮胎负荷能力,确保轮胎使用寿命,并改善汽车的行驶稳定性,目前广泛采用宽轮辋。

表 1-3 是轮辋宽度与轮胎宽度对照表,已知轮辋宽度后,就可以参考该表选用合适的轮胎。

表 1-3 轮辋宽度与轮胎宽度对照表

轮辋(毂)宽度/in	轮胎宽度/mm		
	最小可选胎宽	最佳胎宽	最大可选胎宽
5.5 J	175	185	195
6.0 J	185	195	205
6.5 J	195	205	215
7.0 J	205	215	225
7.5 J	215	225	235
8.0 J	225	235	245
8.5 J	235	245	255
9.0 J	245	255	265
9.5 J	265	275	285
10.0 J	295	305	315
10.5 J	305	315	325

任务 1.2　轮胎的检查和维护

📖 任务情境

　　客户张先生经常跑高速,某天他到店进行车辆常规保养,要求对轮胎进行重点检查和维护,防止高速行驶时出现爆胎事故。作为维修技师的你将如何进行轮胎的检查和维护,为客户的无忧出行保驾护航呢?

📖 学习目标与知识点、技能点清单

学习目标	知识点	技能点
1. 能正确检查轮胎	◇胎压警告灯的检查方法 ◇轮胎外观检查方法 ◇轮胎磨损检查方法 ◇轮胎气压及漏气检查方法	◇检查胎压警告灯 ◇检查轮胎外观 ◇检查轮胎磨损 ◇检查轮胎气压及漏气
2. 能正确维护轮胎	◇胎面养护的方法 ◇轮胎换位的意义、要求和换位方式	◇胎面养护 ◇轮胎换位

📦 学习任务

　　知识部分任务

　　一、轮胎的检查

　　1. 请根据图 1-27 和图 1-28 的信息,完成下列问题。

轮胎性能	
座位数	总共5个　前面2个　后面3个

乘员和载货的总质量应该不超过×××千克。

轮胎的尺寸	轮胎冷态充气压力	
P195/70R14 90S	前轮	200 kPa
	后轮	200 kPa
紧凑型备胎	达到最大载重	参看使用手册得到更多信息
T125/70D15 95M	420 kPa	

图 1-27　轮胎信息铭牌

图 1-28　轮胎气压表

（1）该轮胎冷态充气压力前轮为_____ kPa，后轮为_____ kPa。

（2）胎压表通常采用 3 种单位读数：kPa、bar（kg/cm²）和 psi，1 bar≈_____ kPa，1 psi≈_____ kPa。

2. 请根据提供的车辆，查阅资料完成以下内容。

实训车型：_____

轮胎品牌及规格：_____

冷态标准胎压（空载）：前轮_____后轮_____

冷态标准胎压（满载）：前轮_____后轮_____

轮胎花纹深度极限值：_____ mm

3. 按照下表中的作业步骤完成轮胎检查，并记录结果。

作业内容	结果记录	完成情况
检查仪表是否有胎压报警		□完成 □未完成
检查 4 个轮胎磨损情况，测量轮胎花纹深度		□完成 □未完成
转动轮胎检查轮胎外观，查看是否有鼓包、老化龟裂、硬伤、异物刺穿等情况		□完成 □未完成
转动轮胎检查轮毂外观，查看是否有破损、变形和漆面划伤等情况		□完成 □未完成
紧固轮胎螺母，查阅资料确认标准力矩		□完成 □未完成
检查气门帽是否齐全、气门嘴是否漏气		□完成 □未完成
挖出夹石和花纹中的杂物		□完成 □未完成
检查轮胎气压（包括备胎），校正胎压至标准值		□完成 □未完成
备胎架是否完好、紧固		□完成 □未完成
现场 7S 管理，整理、恢复实操现场		□完成 □未完成

二、轮胎的维护

1. 请写出轮胎胎面上蜡的流程？

_____

_____

2. 根据提供的车型，查阅资料，找出轮胎换位周期是_____。

3. 轮胎换位的方法通常包括_____和_____。

实操部分任务

按照下表中的步骤对提供的车辆进行四轮换位。

步　骤	图　示	完成情况
1. 准备工具（扭力扳手、常用工具箱、胎压表、花纹深度尺、螺丝刀等）	—	□完成 □未完成
2. 检查车辆外观和停放位置	—	□完成 □未完成
3. 拆卸车轮		□完成 □未完成
4. 清洁车轮、检查花纹深度、校正胎压、检查密封性、检查是否有异常磨损和损坏		□完成 □未完成
5. 按照要求进行轮胎换位，安装轮胎		□完成 □未完成
6. 做好现场7S管理，整理、清洁工具，恢复实操现场		□完成 □未完成

注意：实操过程中，务必按照维修手册规范作业；完成相关作业后，记得做好现场 7S 管理。

📖 学习活动鉴定单

学习目标	鉴定1	鉴定2	鉴定3	鉴定结论	鉴定教师签字
1.能正确检查胎压警告灯				□通过 □不通过	
2.能正确检查轮胎外观				□通过 □不通过	
3.能正确检查轮胎磨损				□通过 □不通过	
4.能正确检查轮胎气压及漏气情况				□通过 □不通过	
5.能正确进行胎面养护				□通过 □不通过	
6.能正确实施轮胎换位				□通过 □不通过	

📖 学习信息

1.2.1 轮胎的检查

轮胎状况关系车辆行驶安全，定期检查轮胎状况非常必要，轮胎检查主要包括：胎压警告灯检查、外观检查、磨损检查、气压检查并调整、螺母紧固、漏气检查、气门帽检查等。

1）胎压警告灯检查

现在很多车上都有胎压报警装置，轮胎压力过低时，仪表盘上的胎压警告灯就会亮起，如图 1-29 所示。打开点火钥匙，胎压警告灯会亮 3 s 然后熄灭，如果警告灯没有熄灭则应检查轮胎气压是否正常。

图 1-29 胎压警告灯

2）轮胎外观检查

转动轮胎，检查轮胎外观，查看是否有鼓包、老化龟裂、硬伤、异物刺穿等情况，如图 1-30 所示。

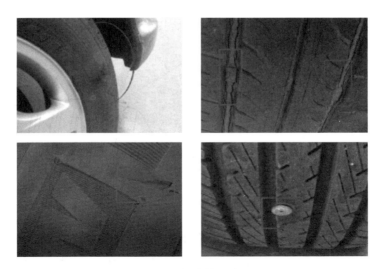

图 1-30　轮胎外观检查

3）轮胎磨损检查

（1）目视检查轮胎磨损

前面已介绍过轮胎上有磨损标记，如轮胎磨损超过磨损标记应更换轮胎。

（2）检查轮胎花纹深度

用花纹深度尺检查轮胎花纹深度，如图 1-31 所示，花纹深度极限值为 1.6 mm。

图 1-31　检查轮胎花纹深度

（3）轮胎常见磨损及原因

①胎肩快速磨损，如图 1-32 所示。主要原因：轮胎的气压不足；使用过宽的轮辋；换位不够；长期超负荷行驶等。

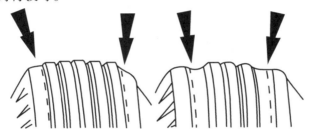

图 1-32　胎肩快速磨损

②轮胎中央快速磨损，如图 1-33 所示。主要原因：轮胎的气压过大；使用过窄的轮辋等。

③轮胎单边磨损,如图1-34所示。主要原因:车轮轴承松动;转向节主销衬套松旷;前轴弯曲变形等导致转向轮外倾角变化。

图1-33 轮胎中央磨损

图1-34 轮胎单边磨损

④轮胎胎面锯齿状磨损,如图1-35所示。主要原因:前轮定位调整不当(前束不当);前悬挂系统位置失常;球头松旷等。例如,当车轮发生横向滑动或行驶中车轮定位不断变动时,轮胎形成锯齿状磨损。当转向轮前束过大时,由于转向轮在外倾的同时向内偏斜滑移,轮胎胎冠产生由外侧向里侧的锯齿状磨损;当转向轮前束过小时,由于转向轮运行中在外倾的同时向外偏斜滑移,轮胎胎冠产生由里侧向外侧的锯齿状磨损。

⑤个别轮胎磨损量大。主要原因:个别车轮的悬挂系统失常;支承件弯曲;个别车轮不平衡;个别车轮换位不够;车辆装载不当等。出现个别轮胎磨损量大,应检查磨损严重车轮的定位情况、平衡、独立悬挂弹簧和减振器的工作情况;同时轮胎运行里程过长又没有及时进行换位保养,轮胎经常处于单方向与路面摩擦状态时,极易造成轮胎的不均匀磨损,应严格进行车轮换位。

⑥轮胎胎面块状磨损,如图1-36所示。主要原因:轮胎的静态不平衡;后轮前束不良等。轮胎局部出现面块状磨损也称"秃斑现象",产生的主要原因是轮胎平衡性差和定位不良。面块状磨损不易被发现,容易给行驶埋下隐患。若轮胎产生面块状磨损,车辆在行驶中会产生抖动,因此,如果发现在某一个特定速度行驶时车辆有轻微抖动,就应对车轮进行平衡,同时进行四轮定位,以防出现轮胎胎面的斑秃形磨损。

图1-35 锯齿状磨损

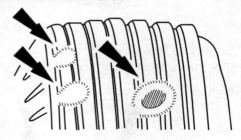

图1-36 胎面块状磨损

综上,轮胎出现异常磨损,除轮胎本身的原因外,通常还与汽车技术状况有关,应全面分析。假如发现轮胎表面磨损情况不正常,在更换轮胎之前应该检查悬挂系统磨损情况,更换磨损零件,然后做一次四轮定位和平衡,否则更换轮胎只是治标不治本,仍会反复出现同一问题。

4)轮胎气压检查

合适的胎压是轮胎的生命。胎压过高,好比血压高,胎压不足,好比营养不良,二者不仅会降低轮胎寿命,增加油耗,甚至可能引发爆胎、翻车。据统计,75% 的轮胎故障是由轮胎压力不足或渗漏造成的。如果提高轮胎气压 25%,轮胎寿命将缩短 15% ～20%;如果降低轮胎气压 25%,轮胎寿命将缩短 30% 左右。

（1）检查胎压

检查胎压使用轮胎气压计（也称"胎压计"或"胎压表"）。步骤为:

第 1 步:检查胎压计的读数是否在"0"位置,如不在,则按胎压表侧面按钮使之清零。

第 2 步:取下轮胎的气门嘴盖,将胎压计的测压嘴对准轮胎上的气门嘴垂直用力压入。注意:压入的速度需迅速,否则易导致轮胎内的空气泄漏。

第 3 步:用力压住胎压计的同时,观察其指针是否稳定,在指针稳定后迅速拨出胎压计,进行读数。

第 4 步:根据标准胎压,确定胎压是否符合要求。如果胎压过高,放气至标准胎压;如果胎压过低,应加气至标准胎压,并重新测量,直至达到标准胎压。

第 5 步:将胎压计清零,气门嘴帽盖上。

注意:胎压检测必须在汽车停止行驶 1 h、轮胎自然冷却后进行。一般情况下,轮胎气压随温度的变化而改变,温度每升/降 10 ℃,气压随之升/降 0.07 ～0.14 kg/cm^2。

充气气压必须按照车辆生产厂家指定的气压值,该气压值可以在 4 个地方找到:车辆用户手册;驾驶座车门旁边的标贴;驾驶座旁的储物抽屉;油缸盖小门处。注意:不要混淆标准胎压和最大胎压的数值。

（2）轮胎压力单位换算关系

气压单位有 bar,kg/cm^2,kPa,psi 等,它们之间的换算关系为:

$$1 \text{ bar} = 1.02 \text{ kg/cm}^2 = 102 \text{ kPa} = 14.5 \text{ psi}$$

习惯上所称的公斤,实际是指 bar 或 kg/cm^2。

5）轮胎漏气检查

用肥皂水检查气门嘴和轮胎轮辋接触边缘是否漏气,如有漏气就会有气泡产生,找到漏气位置并修理。

1.2.2　轮胎的维护

1）胎面养护

轮胎受到高温暴晒、酸雨腐蚀或长期在泥泞道路上行驶,会造成老化龟裂、鼓包等现象。定期对轮胎胎面进行养护,可以起到防水防污、抵抗老化的作用。对轮胎胎面进行养护主要是使用轮胎泡沫光亮剂或轮胎蜡涂抹在轮胎表面,主要步骤是:清洗净轮胎胎面的污渍→将轮胎光亮剂摇匀,均匀喷涂在轮胎胎面上→自然晾干,上光吸收即可。

2）轮胎换位

（1）轮胎换位的意义

汽车前、后、左、右车轮在不同的工作条件和负荷下工作,因此轮胎的磨损情况各不相同。一般前轮驱动的车辆,前轮磨损几乎是后轮的 2 倍,而后轮驱动的车辆,后轮的磨损也比前轮要快很多;前轮是方向轮,胎肩要比轮胎中心磨损得更快;车辆因靠右侧行驶,路有弧度,右轮磨损大于左轮。因此,应按汽车保养规定及时进行轮胎换位,一般是汽车行驶 10 000 km 时要进行一次轮胎换位,尽量保证把最好的轮胎作为前轮,这样能更加安全。

（2）轮胎换位要求

如果轮胎是单导向轮胎，轮胎胎侧用箭头标识标明旋转方向，只能进行前后换位。非单导向轮胎则可以进行交叉换位、前后换位、左右换位。

（3）轮胎换位方法

①斜交线轮胎换位方法。

斜交线轮胎换位法有交叉换位法和循环换位法。交叉换位法适用于经常在拱形较大的路面上行驶的汽车，循环换位法适用于经常在较平坦道路上行驶的汽车。可根据具体情况选择一种进行，但一经选定后，应始终按所选方法换位，每次轮胎换位后须做好换位记录。

②子午线轮胎换位方法。

子午线轮胎胎体帘布的排列方向必须按旋转方向安装，否则帘布容易剥落，不同汽车的说明书中都提供有轮胎换位的方法，应根据要求进行，以保证轮胎使用的安全与寿命。各类轮胎换位方法如图 1-37 和图 1-38 所示。

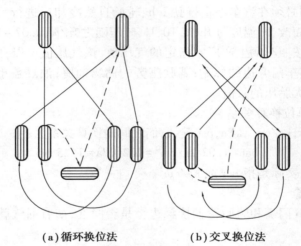

（a）循环换位法　　　　（b）交叉换位法

图 1-37　六轮二轴斜交轮胎换位法

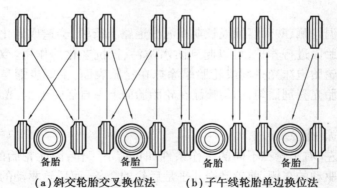

（a）斜交轮胎交叉换位法　　　（b）子午线轮胎单边换位法

图 1-38　四轮二轴汽车轮胎换位法

任务1.3 道路应急救援与轮胎升级

任务情境

客户张先生向4S店打求救电话,称其车在行驶途中发生了爆胎,希望4S店派工作人员到现场进行道路应急救援。作为维修技师的你能完成该任务吗?

学习目标与知识点、技能点清单

学习目标	知识点	技能点
1.能用随车工具更换备胎	◇用随车工具更换备胎的步骤	◇用随车工具更换备胎
2.能根据要求进行轮胎升级	◇轮胎升级的意义和要求 ◇车轮直径的计算	◇进行轮胎升级

学习任务

知识部分任务

一、用随车工具更换备胎

[多选]车辆常用的随车工具包括(   )。

A. 千斤顶   B. 三角警示架   C. 灭火器   D. 扳手

二、轮胎升级

1. [多选]轮胎升级的意义包括(   )。

A. 外观更具动感   B. 具有更好的抓地力

C. 具有更好的操控性   D. 具有更强劲的动力表现

2. [多选]轮胎升级的要求包括(   )。

A. 与轮胎外径相吻合(相差不超过1.5%或2%)

B. 符合当地交通条例(不影响车辆年检、车辆保养等)

C. 没有与车体、挡泥板等接触

D. 轮胎的速度和负载指数符合要求

3.某客户的轮胎规格是 P175/65R14,他想对轮胎进行一次升级,把轮胎断面宽度换更宽一点,或把轮辋直径换大一点。请计算该轮胎外径是_____ mm。轮胎升级的要求是什么?请为这位客户提供升级建议。

轮胎升级规则:_____

轮胎升级建议:_____

实操部分任务

按照下表中的步骤为提供的车辆更换备胎,并将缺失信息补充完整。

步　骤	完成情况
第1步:与顾客交流,确认坏胎位置,检查车辆情况	□完成　□未完成
第2步:把车停在安全位置,打开应急灯,拉好手刹,挂空挡	□完成　□未完成
第3步:打开后备厢,取出三角警示架,警示架应放置在来车方向_____ m,在高速公路上,应不少于_____ m。放置挡块垫紧车辆。确认安全措施是否做好	□完成　□未完成
第4步:取出后备厢中的工具及备胎,将备胎放在车底,作为安全支撑	□完成　□未完成
第5步:用随车工具按对角方向拧松轮胎的螺母	□完成　□未完成
第6步:找到举升位置,用千斤顶举起汽车(轮胎离开地面即可)	□完成　□未完成
第7步:取下车轮,和备胎互换	□完成　□未完成
第8步:安装备胎到车上,预紧车轮螺母	□完成　□未完成
第9步:取出车底轮胎,放下千斤顶,紧固车轮螺栓	□完成　□未完成
第10步:收拾工具,清洁场地	□完成　□未完成

📖 学习活动鉴定单

学习目标	鉴定1	鉴定2	鉴定3	鉴定结论	鉴定教师签字
1.能用随车工具更换备胎				□通过 □不通过	
2.能根据要求进行轮胎升级				□通过 □不通过	

📖 学习信息

1.3.1　用随车工具更换备胎

行车过程中,如果遇到轮胎损坏,就需要用随车工具将损坏的轮胎换下,将备胎换上。用随车工具更换备胎的步骤为:

第1步:确认轮胎损坏位置,检查车辆情况。

第 2 步:把车停在安全位置,打开应急灯,如图 1-39 所示,拉好手刹,挂空挡。

图 1-39 打开应急灯

图 1-40 放置三角警示架

第 3 步:打开后备厢,取出三角警示架,警示架应放置在来车方向 50 ~ 100 m 的地方,在高速公路上,应不少于 150 m,如图 1-40 所示。放置挡块垫紧车辆(可在路边寻找石块、砖块等),确认安全措施是否做好。

第 4 步:取出后备厢中的工具及备胎,如图 1-41 所示。将备胎放在车底,作为安全支撑,在千斤顶失去作用时起到保护车辆和操作员的作用,如图 1-42 所示。

图 1-41 取出备胎及工具

图 1-42 备胎放在车底,作为安全支撑

第 5 步:用随车工具按对角方向拧松轮胎的螺母,如图 1-43 所示,若螺母过紧可用脚蹬。

第 6 步:找到举升位置,如图 1-44 所示,一般是横梁上有凹槽的位置,用千斤顶举起汽车(轮胎离开地面即可),千斤顶应放置在硬路面上。

图 1-43 用随车工具拧松轮胎的螺母

图 1-44 举升位置

第 7 步:取下车轮,和备胎互换。

第 8 步:安装备胎,预紧车轮螺母。

第 9 步:取出车底轮胎放到备胎位置,放下千斤顶,紧固车轮螺栓。

第 10 步:收拾工具,整理场地。

1.3.2 轮胎升级

1）轮胎升级的类型

轮胎升级是根据自己的需要改装轮胎,其可以增加安全系数、车辆稳定性以及操控性。轮胎升级可以分为两种,即品质升级和规格升级。规格升级有下列 3 种方式:

第一种是增加胎面宽、降低扁平率、增大轮辋直径。

第二种是增加胎面宽、降低扁平率、轮辋直径不变。

第三种是胎面宽不变、降低扁平率、增大轮辋直径。

2）轮胎升级的要求

轮胎升级应符合以下要求:与轮胎的外径相吻合(相差不超过 1.5%或 2%);符合当地交通条例(不影响车辆年检、车辆保修等);确认没有与车体、挡泥板等接触;轮胎的速度和负载指数符合要求等。

3）轮胎升级的计算

根据轮胎规格计算车轮直径。车轮直径(H)等于两个轮胎断面高度(h)加上轮辋直径 d,即 $H=2h+d$,如图 1-45 所示。注意:轮胎规格中显示的轮胎断面宽度单位为毫米(mm),轮辋直径单位为英寸(in),1 in≈25.4 mm,计算时注意单位换算。

例如,轮胎规格为 175/70R13 时,车轮直径 $H=175×70\%×2+13×25.4=575$ mm。升级轮胎时,轮胎直径应为 575±1.5%,否则直径相差过大会影响车速里程表的显示精度,同时直径过大也可能对车身产生影响。

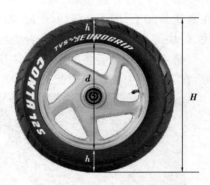

图 1-45 轮胎直径计算示意图

任务 1.4 轮胎拆装与动平衡

📖 任务情境

客户想更换一个更漂亮的铝合金轮辋,作为维修技师,请你根据客户的要求按照标准规范更换轮辋,并对车轮进行动平衡。

📖 学习目标与知识点、技能点清单

学习目标	知识点	技能点
1.能拆卸、检查和安装轮胎	◇拆卸、检查和安装轮胎的步骤	◇拆卸、检查和安装轮胎
2.能实施轮胎动平衡作业	◇轮胎平衡的意义 ◇校正轮胎平衡的方法 ◇轮胎动平衡仪的主要结构 ◇轮胎动平衡操作流程	◇实施轮胎动平衡作业

📖 学习任务

一、拆卸、检查和安装轮胎

按照下表中的步骤,团队协作利用扒胎机对提供的轮胎实施拆卸和安装。注意:务必遵守安全作业规范。

步　骤	图　示	完成情况
第1步:为扒胎机通气和电		□完成 □未完成
第2步:去掉钢圈上所有的＿＿＿＿（填空）		□完成 □未完成
第3步:用专用工具拆下气门芯,放净轮胎内空气		□完成 □未完成
第4步:使用扒胎机压下轮胎正反面,使之与轮辋初步分离		□完成 □未完成

续表

步 骤	图 示	完成情况
第5步:将轮胎内侧向下放于拆胎机上,采用收夹方式固定		□完成 □未完成
第6步:调整拆胎机拆装头与轮辋的距离		□完成 □未完成
第7步:将气门嘴置于拆装头右侧1点钟位置		□完成 □未完成
第8步:将拆胎翘板从拆装头后方插入轮胎趾口,右手用力压撬板,撬动轮胎趾口上行于鸟头之上		□完成 □未完成
第9步:踩下扒胎机旋转踏板,转动扒胎机转盘,正面拆卸完毕		□完成 □未完成
第10步:拆卸轮胎反面	参考第7—9步	□完成 □未完成

续表

步　骤	图　示	完成情况
第 11 步:旧轮胎顺利剥离后,检查轮辋密封处是否有锈蚀,如有锈蚀应及时处理干净		□完成 □未完成
第 12 步:首先确认轮胎型号是否正确,确认轮胎安装方向,轮胎花纹不可反装,安装前注意查看轮胎侧面的安装标识		□完成 □未完成
第 13 步:将气门嘴旋转至 5 点钟方向		□完成 □未完成
第 14 步:安装前在新轮胎两侧趾口处均匀涂抹上_____(填空)		□完成 □未完成
第 15 步:将新轮胎呈 45°角套在轮辋上,趾口位于拆装头下方		□完成 □未完成
第 16 步:踩下旋转开关,顺时针一周将轮胎第一道趾口安装在轮辋上,安装完成后将气门嘴依旧停止在 5 点钟方向		□完成 □未完成

续表

步　骤	图　示	完成情况
第 17 步:按上述操作方法将第二道趾口安装到位		□完成 □未完成
第 18 步:新轮胎安装操作完成,将轮胎正面向上平放在地面上,装上气门芯,使用充气设备对新轮胎充气,使用肥皂水对充气完成的新轮胎进行测漏		□完成 □未完成
第 19 步:现场 7S 管理		□完成 □未完成

二、轮胎动平衡作业

1. 旋转的轮子如果存在材质不均匀问题,或受轮子外形尺寸误差、装配误差以及结构形状不同等因素的影响,轮子重心的主惯性轴线与_____不重合,轮子旋转时会产生不平衡的_____力。这个力导致车轮的持续振荡,从而引起整车剧烈振动,加速悬架、转向系统部件和车轮内轴承的磨损,尤其方向轮的振动还会导致_____明显抖动。

2. 图 1-46 所示的是车轮各种尺寸测量工具,便于把各种参数输入平衡机电脑。

(a)测量拉尺　　　　　　　　(b)轮胎卡尺

图 1-46　车轮测量工具

_____:用于测量平衡机与轮胎的距离;_____:用于测量轮辋宽度。

3.平衡块常见的有_____和_____两种,敲打式平衡块又分为_____和_____两种。

4.宽口平衡块又称大口,适用于_____车轮;窄口平衡块又称小口,适用于_____车轮。

5.按照下表中的步骤,利用动平衡仪对提供的轮胎实施动平衡作业。

步　骤	图　示	完成情况
第1步:准备工作,清洁轮胎并拆除旧平衡块,轮胎压力调到正常		□完成 □未完成
第2步:将车轮安装到平衡机上,选择与轮毂孔相匹配的锥体		□完成 □未完成
第3步:装上锥体,用快速螺母锁紧		□完成 □未完成
第4步:测量距离,使用测量拉尺,测量钢圈肩部到机箱的距离		□完成 □未完成

续表

步　骤	图　示	完成情况
第5步:输入用测量拉尺测量的距离数据		□完成 □未完成
第6步:使用轮胎卡尺,测出车轮钢圈的宽度		□完成 □未完成
第7步:输入车轮钢圈的宽度(英寸)		□完成 □未完成
第8步:输入轮胎钢圈直径,在轮胎规格上标注有轮胎钢圈直径(英寸)		□完成 □未完成
第9步:启动,获取测量结果		□完成 □未完成
第10步:当轮胎停止转动后,显示屏显示轮胎内外两侧的不平衡值		□完成 □未完成

续表

步　骤	图　示	完成情况
第 11 步：手动缓慢转动轮胎，至右侧不平衡位置指示灯全亮，表示此时轮毂右侧最高点位置为不平衡位置（左右两侧方法相同）		□完成 □未完成
第 12 步：找到不平衡位置后，在此位置加上与测量数值相应的平衡块		□完成 □未完成
第 13 步：调整完成后，再次检查轮胎平衡情况		□完成 □未完成
第 14 步：现场 7S 管理。动平衡完毕后，松开车轮锁紧扳手，拆除锥体，取下轮胎，切断电源，清洁设备工具等		□完成 □未完成

注意事项：动平衡误差一般在 5 g 内；避免主轴或平衡机本体强烈的振动；避免重物敲击平衡机的任何部件。

📖 学习活动鉴定单

学习目标	鉴定 1	鉴定 2	鉴定 3	鉴定结论	鉴定教师签字
1. 能拆卸、检查和安装轮胎				□通过 □不通过	
2. 能实施轮胎动平衡作业				□通过 □不通过	

📖 **学习信息**

1.4.1 轮胎的拆卸、检查和安装

1）轮胎拆装机结构

轮胎拆装机的结构如图 1-47 所示。连接电源和压缩空气系统后，通过踏动设备上的 3 个踏板控制卡盘、卡爪和轮唇拆卸铲动作，各踏板的功能如下：

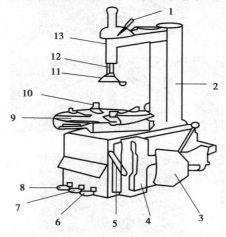

图 1-47　轮胎拆装机结构

1—转动柄；2—立柱；3—拆卸铲；4—橡胶支撑板；5—撬杆；6—轮唇拆卸铲踏板；
7—卡盘上的卡爪动作踏板；8—卡盘转动踏板；9—卡盘；10—卡爪；11—胎唇拆装头；
12—压杆；13—横臂

- 踏板 6：踏下踏板 6，轮唇拆卸铲动作；松开踏板，轮唇拆卸铲返回原位。
- 踏板 7：踏下踏板 7，卡盘上的卡爪打开；再踏一下，卡爪合上。
- 踏板 8：向下踏下踏板 8，卡盘按顺时针方向旋转；向上抬起踏板，卡盘按逆时针方向旋转。

拆胎机的操作可分为拆开胎唇、卸下轮胎和装上轮胎 3 部分。在进行任何操作前均应放掉轮胎内的空气，并取下轮辋上所有的平衡块。

2）轮胎拆装步骤

（1）去除旧平衡块、放气操作

拆卸轮胎前必须先去除旧平衡块并放气。使用气门芯拆装工具（图 1-48），逆时针旋转取出气门芯。

图 1-48　气门芯拆装工具

（2）切胎操作

将车轮放于拆胎机侧面切胎处，如图 1-49 所示。大铲边缘对准轮胎外侧趾口，如图 1-50 所示。轮胎内侧趾口切 2 次，气门嘴与拆卸铲成 90°，如图 1-51 所示。正面只需切 1 次，气门嘴与拆卸铲成 180°，如图 1-52 所示，避免损坏胎压监测传感器。

图 1-49　车轮放于拆胎机侧面切胎处

图 1-50　大铲边缘对准轮胎外侧趾口

图 1-51　气门嘴与大铲成 90°

图 1-52　气门嘴与大铲成 180°

（3）剥离轮胎操作

将轮胎内侧向下放于拆胎机上，采用收夹方式固定，如图 1-53 所示。调整拆胎机拆卸头位置，如图 1-54 所示。将气门嘴置于拆卸头右侧 1 点钟位置，如图 1-55 所示，避免损坏胎压传感器。在气门嘴左侧拆卸头下方放置保护套，如图 1-56 所示，避免划伤车轮。将拆胎撬杠从拆卸头后方插入轮胎趾口，如图 1-57 所示，撬杠插入轮胎趾口长度不大于 5 cm。右手用力撬板，撬动轮胎趾口上行到拆卸头之上，如图 1-58 所示。用脚踩动旋转开关，顺时针转一圈，轮胎第一面剥离。将气门嘴依旧置于拆卸头右侧 1 点钟位置，采用相同的方式剥离另一侧轮胎趾口。旧轮胎顺利剥离后检查轮辋密封处是否有锈蚀，如有锈蚀须及时处理干净。

图 1-53　固定轮毂

图 1-54　调整拆卸头位置

图1-55 气门嘴置于拆卸头
右侧1点钟位置

图1-56 气门嘴左侧拆卸头
下方放置保护套

图1-57 撬杠从拆卸头后方插入
轮胎趾口

图1-58 撬动轮胎趾口到
拆卸头之上

（4）安装新轮胎操作

确认轮胎型号是否正确,确认轮胎的安装方向,轮胎花纹不可反装,安装前注意查看轮胎侧面的安装标识。将气门嘴旋转至5点钟方向,如图1-59所示。安装前在新轮胎两侧趾口处均匀涂抹上润滑膏,将新轮胎成45°角套在轮辋上,如图1-60所示。趾口位于拆卸头下方,踩下旋转开关,顺时针一周完成轮胎第一道趾口的安装,第一道趾口安装完成后将气门嘴依旧停止在5点钟方向,按上述操作方法将第二道趾口安装到位。

图1-59 气门嘴旋转至5点钟方向

图1-60 将新轮胎成45°角套在轮辋上

（5）轮胎充气操作

新轮胎安装操作完成,将轮胎正面向上平放在地面上,安装气门芯,使用充气设备对新轮胎进行充气,使用肥皂水对充气完成的新轮胎进行泄漏测试。

1.4.2　轮胎动平衡作业

1）轮胎平衡意义

旋转的轮子如果存在材质不均匀问题,或受轮子外形尺寸误差、装配误差以及结构形状等因素的影响,轮子重心的主惯性轴线与旋转轴线不重合,轮子旋转时会产生不平衡的离心力。这个力导致车轮的持续振荡,从而引起整车剧烈振动,加速悬架、转向系统部件和车轮内轴承的磨损,尤其方向轮的振动还会导致方向盘明显抖动。

车轮不平衡不仅会加剧本身的磨损,而且会影响转向系、行驶系和传动系,导致行车不安全,即便 20 g、30 g 的误差也会导致高速行车时车子严重抖动,造成危险。因此,轮胎平衡对汽车非常重要,为了避免或消除这种不平衡现象,需要对轮胎进行平衡测试和校正。

2）轮胎平衡方法

在轮胎平衡机上进行动平衡校正,即车轮在动态情况下,通过增加配重(平衡块)的方法,使车轮达到平衡。

为减小平衡块体积,应采用密度大的金属平衡块。平衡块一般用铅合金制成,质量以克为单位,有 5 g、10 g、15 g 等多种规格。不平衡量在 10 g 以下时车辆不会有车轮振动的感觉,所以汽车轮胎动平衡的精度达到±5 g 时就可以满足实际需求了。

3）平衡块的类型

平衡块常见的有敲打式平衡块(图 1-61)和粘贴式平衡块(图 1-62)两种,敲打式平衡块又分为大口和小口两种,大口适合铝圈,小口适合钢圈。

(a)大口　　　　(b)小口

图 1-61　敲打式平衡块

图 1-62　粘贴式平衡块

4）动平衡操作步骤

将轮胎充到合适的气压,如图 1-63 所示。去除轮辋上的平衡块,如图 1-64 所示。将轮胎花纹沟里的石子剔除干净,将轮辋处理干净,如图 1-65 所示。选择合适的锥体(锥体一定要对准中心孔,否则数据可能不准),如图 1-66 所示。将锥体装到车轮上,用快速螺母锁紧,如图 1-67 所示。

图 1-63　轮胎充气　　　　　　　　　图 1-64　去除轮辋上的平衡块

图 1-65　剔除轮胎花纹沟里的石子

图 1-66　选择合适的锥体

图 1-67　快速螺母锁紧

　　打开电源开关,拉出测量标尺,测量钢圈肩部到机箱的距离,如图 1-68(a)所示,并输入到平衡仪上。用卡规测量被平衡车轮钢圈的宽度,如图 1-68(b)所示,并输入平衡仪上。从轮胎规格读取轮胎钢圈直径,输入到平衡仪上。

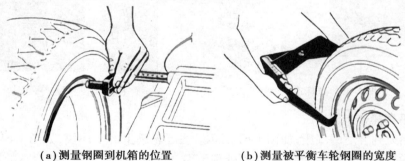

(a)测量钢圈到机箱的位置　　　　(b)测量被平衡车轮钢圈的宽度

图 1-68　数据测量

　　选择安装平衡块位置,如图 1-69 所示。将轮罩放下,轮胎开始自动旋转。检测结束后,轮胎停止转动,控制面板显示检测结果,如图 1-70 所示,内侧不平衡量为20 g、外侧20 g。慢慢转动轮胎,当某个数据相邻一排指示灯全部亮时,如图 1-71 所示,在轮胎对应的正 12 点位置,镶嵌与检测数据对应的平衡块。需要注意的是,应先在不平衡较大的一侧进行平衡。

　　再次检测是否完全平衡,轮胎完全平衡的标准是 00：00,但有些轮胎很难达到这个标准,一般精度达到±5 g 时即满足要求。

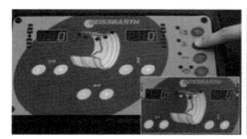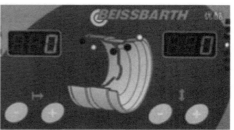

图 1-69　平衡方式选择

图 1-70　检测结果

图 1-71　指示灯全部亮

项目2 汽车悬架系统的检查与维修

项目学习目标

通过本项目的学习,学习者应具备安全而正确地检查与维修汽车悬架系统的能力。具体表现为:

1. 职业目标

(1)能描述悬架系统的概念和作用。

(2)能描述悬架系统的组成、类型和特点。

(3)能识别轿车前后悬架的类型。

(4)能描述减振器的结构和工作原理。

(5)能检查悬架以及更换悬架部件。

(6)能描述空气悬架系统的工作原理。

2. 素质目标

(1)培养爱岗敬业的品质,坚持全心全意为人民服务的根本宗旨,为客户提供专业的服务。

(2)培养执着专注、精益求精、一丝不苟、追求卓越的工匠精神,立志成为大国工匠、能工巧匠。

(3)培养与客户沟通、与团队协作的能力。

(4)培养崇尚劳动、热爱劳动、辛勤劳动、诚实劳动的劳动精神。

学习指南

ST1:明确学习目标及相应的知识点、技能点。

ST2:按照学习任务列表完成每一项任务。知识部分任务需在课前完成,完成该部分任务时,可以参考本书提供的学习信息,利用维修手册及各类教学资源库等学习资源;也可以在课前或上课时向任课教师寻求帮助。任课教师在正式行课时展示知识部分任务的完成情况,实现学习交流。

ST3:实操部分任务,可以在正式行课前自行完成,也可以由任课教师在课堂上安排完成。

ST4:完成任务列表后,根据学习活动鉴定单进行自查,并进行知识与技能的补充学习。

ST5:任课教师按照学习活动鉴定单进行知识与技能鉴定,学习者平时的学习过程也可以作为鉴定的依据。

任务 2.1 认识悬架系统

📖 任务情境

客户张女士到店买车,看到不同汽车的悬架系统不同,于是向你咨询各种类型悬架的优缺点。作为一名销售顾问,应解答客户的问题、全心全意为客户服务。请你向客户介绍汽车常用悬架的作用、组成、类型和优缺点。

📖 学习目标与知识点、技能点清单

学习目标	知识点	技能点
1. 能描述悬架系统的概念和作用	◇悬架的定义 ◇悬架的作用	◇描述悬架的作用
2. 能描述悬架系统的组成、类型和特点	◇悬架的组成 ◇独立悬架和非独立悬架的定义及区别	◇识别独立悬架、非独立悬架
3. 能识别轿车前后悬架类型	◇麦弗逊悬架结构特点 ◇双叉臂悬架结构特点	◇识别麦弗逊悬架、双叉臂悬架、多连杆悬架、扭力梁悬架
4. 能描述不同类型悬架的特点	◇多连杆悬架结构特点 ◇扭力梁悬架结构特点	

📖 学习任务

知识部分任务

一、悬架系统的概念和作用

1. 请对比图 2-1 与图 2-2 的不同,并列举生活中见过的车型。

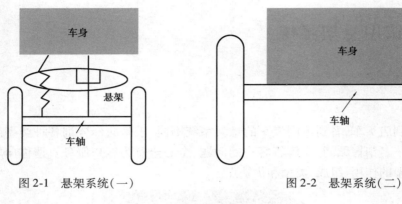

图 2-1 悬架系统(一)   图 2-2 悬架系统(二)

不同点：＿＿＿＿＿＿＿＿＿＿＿＿＿＿＿＿＿＿＿＿＿＿＿＿＿＿＿＿＿＿＿＿＿

列举对应图 2-1 的车型：＿＿＿＿＿＿＿＿＿＿＿＿＿＿＿＿＿＿＿＿＿＿＿＿＿

列举对应图 2-2 的车型：＿＿＿＿＿＿＿＿＿＿＿＿＿＿＿＿＿＿＿＿＿＿＿＿＿

2. 在上一题中车身和车轴之间多了悬架系统后对汽车有什么好处呢？

＿＿＿＿＿＿＿＿＿＿＿＿＿＿＿＿＿＿＿＿＿＿＿＿＿＿＿＿＿＿＿＿＿＿＿＿＿

＿＿＿＿＿＿＿＿＿＿＿＿＿＿＿＿＿＿＿＿＿＿＿＿＿＿＿＿＿＿＿＿＿＿＿＿＿

＿＿＿＿＿＿＿＿＿＿＿＿＿＿＿＿＿＿＿＿＿＿＿＿＿＿＿＿＿＿＿＿＿＿＿＿＿

3. 图 2-3 展示了汽车行驶过程中车身在空间 3 个坐标轴方向所受的力和力矩,请将缺失部分补充完整。

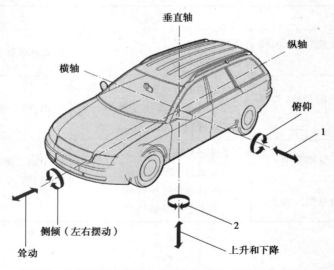

图 2-3 汽车车身在空间 3 个坐标轴方向所受的力和力矩

二、悬架系统的组成、类型和特点

1. 汽车悬架系统一般由弹簧、减振器、横向稳定杆、推力杆等组成,如图 2-4 所示。请将空缺部分补充完整。

1:横向推力杆   作用:将车轮的横向力传递给车身

2:＿＿＿＿＿＿＿   作用:＿＿＿＿＿＿＿＿＿＿＿＿＿＿

3:减振器   作用:衰减振动

4：＿＿＿＿＿＿＿＿　作用：＿＿＿＿＿＿＿＿＿＿＿＿＿＿＿＿＿＿＿＿＿＿＿＿＿＿＿＿＿

5：＿＿＿＿＿＿＿＿　作用：＿＿＿＿＿＿＿＿＿＿＿＿＿＿＿＿＿＿＿＿＿＿＿＿＿＿＿＿＿

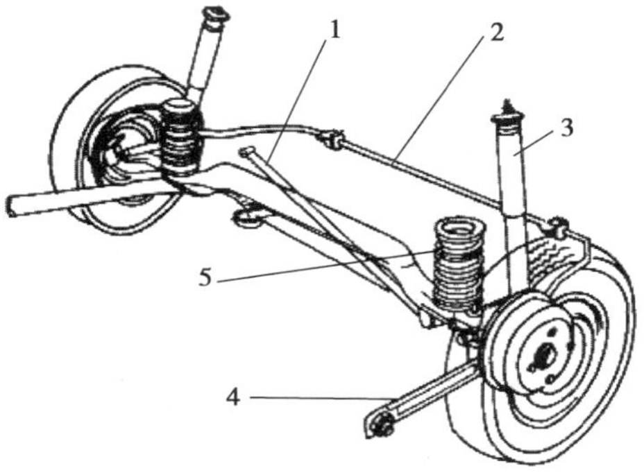

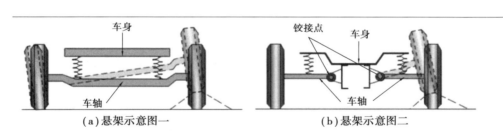

图 2-4　悬架组成示意图

2. 图 2-5 中的两个悬架车轴有什么不同？图（a）是非独立悬架，图（b）是什么悬架？图（b）中车轴断开有什么好处？

两悬架车轴的不同点：＿＿＿＿＿＿＿＿＿＿＿＿＿＿＿＿＿＿＿＿＿＿＿＿＿＿＿＿＿

图（b）是：＿＿＿＿＿＿＿＿＿＿＿＿＿＿＿＿＿＿＿＿＿＿＿＿＿＿＿＿＿＿＿＿＿＿＿

图（b）中车轴断开的好处：＿＿＿＿＿＿＿＿＿＿＿＿＿＿＿＿＿＿＿＿＿＿＿＿＿＿＿

＿＿

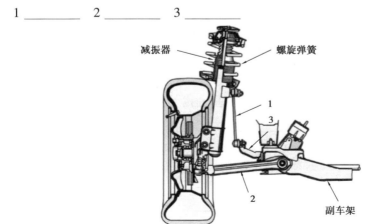

（a）悬架示意图一　　　　　　（b）悬架示意图二

图 2-5　悬架的形式

三、轿车前后悬架的常用类型

1. 图 2-6 所示是麦弗逊悬架示意图，主要用于轿车前悬架，请查阅资料，写出部件 1—3 的名称。

1 ＿＿＿＿＿＿　　2 ＿＿＿＿＿＿　　3 ＿＿＿＿＿＿

图 2-6　麦弗逊悬架示意图

2. 图 2-7 所示是双叉臂悬架示意图,也用作轿车前悬架,请查阅资料,写出部件 4—6 的名称。

4 _____ 5 _____ 6 _____

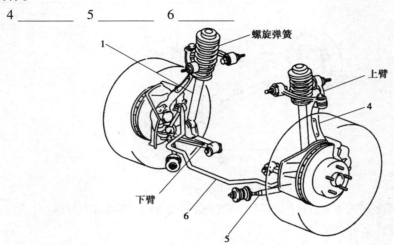

图 2-7 双叉臂悬架示意图

3. 通过第 1 题和第 2 题,我们知道双叉臂悬架比麦弗逊悬架多了一个叉形的上臂,这个上臂有什么作用呢?和麦弗逊悬架相比,双叉臂悬架的优点是什么?

_____

_____

4. 图 2-8 所示是多连杆悬架示意图,多连杆就是连杆数为 3 根或 3 根以上,多连杆悬架占用空间大,一般用在高级轿车上,前后悬架都可用。请查阅资料,写出部件 1—6 的名称,并说出多连杆悬架的优点。

1 _____ 2 _____ 3 _____ 4 _____ 5 _____ 6 _____

图 2-8 多连杆悬架示意图

多连杆悬架的优点:_____

_____

5. 图 2-9 所示是扭力梁悬架示意图,主要用于轿车后悬架,请查阅资料,写出部件 1—5 的名称。

1 _____ 2 _____ 3 _____ 4 _____ 5 _____

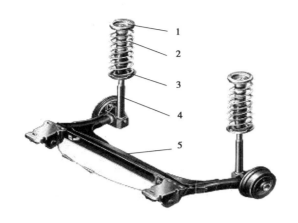

图 2-9　扭力梁悬架示意图

实操部分任务

在提供的不同车辆上，识别悬架的类型及组成部件。

序　号	车　型	悬架类型	组成部件
1			
2			
3			
4			

📖 学习活动鉴定单

学习目标	鉴定 1	鉴定 2	鉴定 3	鉴定结论	鉴定教师签字
1. 能描述悬架系统的概念和作用				□通过 □不通过	
2. 能描述悬架系统的组成、类型和特点				□通过 □不通过	
3. 能识别轿车前后悬架类型				□通过 □不通过	
4. 能描述不同类型悬架的特点				□通过 □不通过	

📖 学习信息

2.1.1　悬架概述

1）悬架的概念

如图 2-10 所示，车身直接安装在车轴上，车轮的振动会通过车轴直接传给车身，车身的振动比较大，这种结构主要用在一些工具车上，例如，超市的小推车、自行车等。如图

2-11 所示,车身和车轴之间增加了一些弹性部件(如弹簧、减振器等),这些部件统称为悬架。汽车悬架是车架(或车身)与车轴之间的弹性联结装置的统称,它使乘坐舒适性变得更好,保护车内货物不会由于振动而损坏。

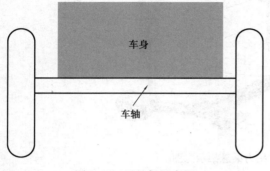

图 2-10　无悬架示意图　　　　　　　图 2-11　悬架结构示意图

2)悬架的作用

悬架的主要作用是:

● 弹性连接车桥和车架(或车身),缓和行驶中车辆受到的冲击力,保证货物完好和人员舒适。

● 衰减由于弹性系统引起的振动,使汽车行驶中保持稳定的姿势,改善操纵稳定性。

● 悬架系统传递垂直反力、纵向反力(牵引力和制动力)和侧向反力及这些力所造成的力矩到车架(或车身)上,保证汽车行驶平稳。图 2-12 为汽车行驶过程中车身在空间 3个坐标轴方向所受的力和力矩。

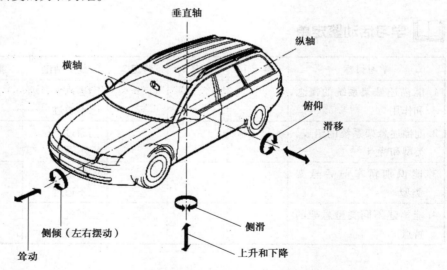

图 2-12　汽车车身在空间 3 个坐标轴方向所受的力和力矩

● 悬架使车轮按一定轨迹相对车身跳动,起导向作用。

3)悬架的分类

汽车悬架分为非独立悬架和独立悬架两种。

(1)非独立悬架

非独立悬架的车轮装在一根整体车轴的两端,如图 2-13(a)所示。一侧车轮跳动时,另一侧车轮也相应跳动,使整个车身振动或倾斜,汽车的平稳性和舒适性较差。

(2)独立悬架

独立悬架的车轴分成两段,每个车轮用螺旋弹簧独立地安装在车架(或车身)下面,如图 2-13(b)所示。一侧车轮跳动时,另一侧车轮几乎不受影响,汽车的平稳性和舒适性好。

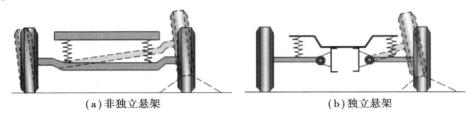

(a)非独立悬架　　　　　　　　　(b)独立悬架

图 2-13　悬架分类

按照控制形式,悬架可以分为被动悬架、半主动悬架、主动悬架。

①被动悬架:汽车的姿态只能被动地取决于路面条件,悬架的刚度和阻尼不能根据路面状况调整。由于道路条件和汽车工况的变化,悬架的刚度和阻尼应随之变化,一般行驶时需要柔软一点的悬架以提高舒适感,急转弯及制动时又需要硬一点的悬架以提高稳定性。被动悬架不能满足以上要求,所以高级轿车不采用被动悬架。

②半主动悬架:通过传感器感知路面情况,调整悬架系统阻尼,稳定行车状态,但是悬架刚度不能调整。

③主动悬架:悬架的刚度和阻尼可以根据路面状态和汽车工况调整,提高汽车平稳性和操纵稳定性。

4)悬架的组成

悬架一般由弹性元件、导向机构、减振器和横向稳定杆组成,如图 2-14 所示。

①弹性元件:承受并传递垂直载荷,缓和路面不平引起的对车身的冲击。

②导向机构:传递车轮与车身间的力和力矩,保持车轮按一定运动轨迹相对车身跳动,图 2-14 中的横向和纵向推力杆即为导向机构。

③减振器:用来加快弹性系统引起的振动的衰减,使车身和车轮的振动得以控制。

④横向稳定杆:防止车身在不平路面上行驶或转向时发生过大的横向倾斜。

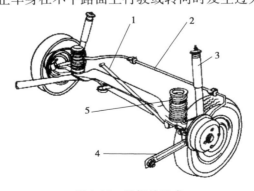

图 2-14　悬架的组成

1—横向推力杆;2—横向稳定杆;3—减振器;4—纵向推力杆;5—弹性元件

2.1.2　轿车前悬架的常见类型

1）麦弗逊悬架

麦弗逊悬架目前在轿车中应用很广泛,结构示意图如图 2-15 所示,实物如图 2-16 所示,由减振器、螺旋弹簧、横摆臂、横向稳定杆等组成。减振器与套在它外面的螺旋弹簧合为一体,构成悬架的弹性支柱,支柱上端与车身挠性连接,支柱下端与转向节刚性连接。横摆臂的外端通过球头销与转向节的下部连接,内端与车身铰接。

麦弗逊悬架结构较简单,布置紧凑,簧下质量较轻,用于前悬架时能增大两前轮内侧的空间,故多用于发动机前置前轮驱动的轿车。主要缺点是吸收影响汽车的纵向力(抬升和俯冲)的能力有限。

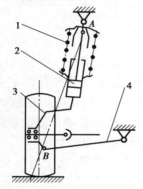 

图 2-15　麦弗逊悬架示意图　　　　　图 2-16　麦弗逊悬架实物图
1—螺旋弹簧;2—减振器;　　　　　　1—螺旋弹簧;2—横向稳定杆;
3—转向节;4—横摆臂　　　　　　　　3—横摆臂;4—转向节

2）双叉臂悬架

双叉臂悬架主要用在中级车上,结构如图 2-17 所示。双叉臂悬架是一种非常坚固的独立悬架。三角形是最稳固的几何形状,双叉臂悬架的上下两根摆臂拥有类似三角形的

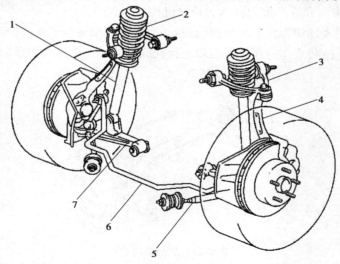

图 2-17　双叉臂独立悬架结构图
1—减振器;2—螺旋弹簧;3—上臂;4—转向节;5—支承杆;6—横向稳定杆;7—下臂

稳定结构,不仅拥有足够的抗扭强度,而且上下两根摆臂对横向力都有很好的导向作用,用于跑车时可以很好地抑制车辆过弯时的侧倾。双叉臂悬架结构中,四轮定位参数精确可调。

3)多连杆悬架

多连杆悬架具有出色的转向控制和行驶平稳性,结构如图 2-18 所示。类似于双叉臂悬架,多连杆悬架由上连杆 4、下连杆 6 和第三连杆 5 组成,由于增加了额外的第三根连杆,故称为多连杆悬架。上连杆 4 一端和车身铰接,另一端和第三连杆 5 铰接。第三连杆 5 上端和上连杆铰接,下端通过球头销与转向节上部连接。下连杆外端通过球头销与转向节的下部连接,内端与车身铰接。第三连杆下端球头销和下连杆外端球头销的连线就是主销轴线,第三连杆下端的球头销可以放置在最优位置。

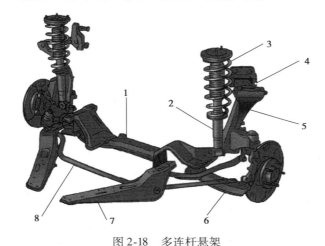

图 2-18　多连杆悬架

1—前悬架梁;2—减振器;3—螺旋弹簧;4—上连杆;5—第三连杆;
6—下连杆;7—连杆支架;8—横向稳定杆

转向时,转向操作不会导致第三连杆移动。第三连杆主要进行单纯的上下移动。弹簧和减振器连接至第三连杆上,车轮行程和减振器行程之间几乎完全对应,道路振动和冲击吸收效率非常高。

有的多连杆悬架和双叉臂悬架一样,只是在双叉的交点处断开,这样就增加了一根连杆,使车轮运动的控制更为精确。

2.1.3　轿车后悬架的常见类型

1)拖曳臂式悬架

拖曳臂式悬架也称扭力梁悬架,结构如图 2-19 所示。这种悬架左右两轮之间的空间较大,减振器几乎不产生弯曲应力,摩擦小,但舒适性和操控性有限,刹车时除车头较重会往下沉外,后轮也会往下沉以平衡车身。大多数小型车和紧凑型车使用这种悬架形式。

2)多连杆后悬架

多连杆后悬架的导向机构由多根连杆构成,连杆数目在 3 根以上,如图 2-20 所示。多连杆后悬架能够保证车轮与地面之间的垂直,也能够保证车轮的贴地性,从而使车辆拥有良好的舒适性和操控性。多连杆后悬架结构复杂,占用空间大,材料成本、研发实验成本及制造成本远高于其他类型的悬架。中小型车出于成本和空间考虑极少使用这种悬架,高档轿车由于空间充裕且注重舒适性能和操控稳定性,大多使用这种悬架,可以说多连杆后悬架是高档轿车的最佳搭档。

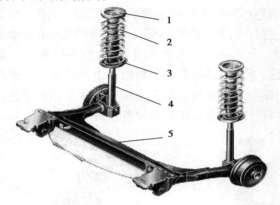

图 2-19 拖曳臂式悬架示意图
1—弹簧上座;2—螺旋弹簧;3—弹簧下座;4—减振器;5—后桥

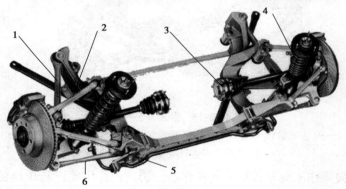

图 2-20 多连杆后悬架示意图
1—前控制臂;2—上控制臂;3—半轴;4—支柱;5—后控制臂;6—下控制臂

任务 2.2 认识筒式减振器

📖 任务情境

客户张先生到店反映他的车在过减速带时振动比以前明显,经检查是减振器出了问题。维修过程中,张先生向你询问减振器的相关知识,作为维修技师的你能回答张先生的提问吗?

📖 学习目标与知识点、技能点清单

学习目标	知识点	技能点
1.能描述减振器的作用	◇减振器的作用	◇描述减振器的作用
2.能描述液力减振器的结构和工作原理	◇液力减振器的结构 ◇液力减振器的工作原理	◇识别液力减振器的组成部件 ◇描述液力减振器的工作过程
3.能描述双向作用筒式减振器的结构和工作原理	◇双向作用筒式减振器的结构 ◇双向作用筒式减振器的工作原理	◇识别双向作用筒式减振器的组成部件 ◇描述双向作用筒式减振器的工作过程

📖 学习任务

知识部分任务

一、减振器的作用

1. 如图 2-21 所示,悬架系统只有弹簧。如果给车身一个力 F,车身会怎么样呢?

_____

_____

2. 为了让汽车受到一次冲击后只振动 1 次,汽车上安装了减振器,如图 2-22 所示。减振器安装在车轴和车身之间,与弹簧并联,作用是吸收车身的振动。压缩时为了充分发挥弹簧的作用缓和冲击,减振器是硬一些好还是软一些好?伸张时为了迅速减振,减振器是硬一些好还是软一些好?

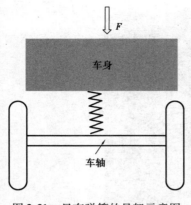

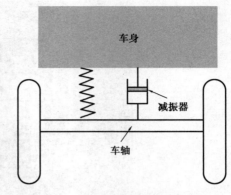

图 2-21　只有弹簧的悬架示意图　　　　图 2-22　带减振器的悬架示意图

压缩行程减振器是硬一些好还是软一些好？为什么？_____

_____

伸张行程减振器是硬一些好还是软一些好？为什么？_____

_____

二、液力减振器的结构和工作原理

1. 图 2-23 所示是液力减振器的结构图，在图上写出部件 1—5 的名称。

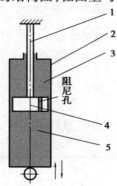

图 2-23　液力减振器结构

2. 如图 2-24 所示，油液从左腔流往右腔，(a)图中流通孔小一些，(b)图中流通孔大一些。请思考哪个图的流通阻尼力更小，为什么？

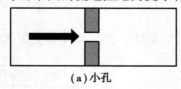

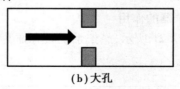

(a)小孔　　　　　　　　　　　　　(b)大孔

图 2-24　阻尼孔

图流通阻尼力小的是：_____

原因：_____

3. 请思考，除了改变孔的截面积，还可以通过哪些方法改变流通阻尼力的大小？

_____

三、双向作用筒式减振器的结构和工作原理

1. 双向作用筒式减振器的结构如图 2-25 所示,请查阅资料将下表补充完整。

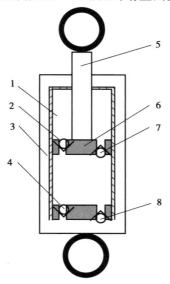

图 2-25　双向作用筒式减振器结构

序　号	名　称	序　号	名　称
1	工作缸筒	5	活塞杆
2		6	
3		7	伸张阀
4	补偿阀	8	压缩阀

2. 根据图 2-26 回答问题。减振器在压缩时,活塞往下移动,工作缸筒下腔压力大于上腔压力,下腔油液流向上腔推开活塞上的流通阀,工作缸底部的哪个阀门同时会被推开? 油液在上下腔流动会发热吗? 车身的振动是如何衰减的?

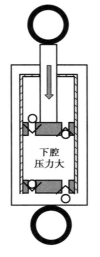

图 2-26　减振器原理示意图

活塞底部的哪个阀门会被推开？_____

油在工作过程中会发热吗？为什么？_____

_____

车身的振动是如何被减振器衰减的？_____

_____

实操部分任务

在减振器实物上识别减振器各组成部分。

序　号	名　　称	序　号	名　　称
1		5	
2		6	
3		7	
4		8	

学习活动鉴定单

学习目标	鉴定1	鉴定2	鉴定3	鉴定结论	鉴定教师签字
1. 能描述减振器的作用				□通过 □不通过	
2. 能描述液力减振器的结构和工作原理				□通过 □不通过	
3. 能描述双向作用筒式减振器的结构和工作原理				□通过 □不通过	

学习信息

2.2.1　减振器的作用

一个物体下端有一个弹簧，如果给这个物体一个冲击力，这个物体就像在蹦床上一样不断地上下跳动。相应地，如果汽车悬架系统只有弹簧，没有减振器，汽车在受到一次冲击后也会不断地上下跳动。减振器的作用就是让汽车在受到冲击后能迅速衰减振动，保证货物完好和人员舒适性，以改善汽车的行驶平稳性。

汽车悬架系统广泛采用液力减振器，多为筒式，在压缩和伸张行程中均能起作用（双向作用）。

2.2.2　液力减振器的结构和工作原理

当液体流经一个小孔时，小孔会阻碍液体的流动，将振动的机械能转换成热能。减振器就是利用这个原理来衰减振动的。

如图2-27（a）所示，左侧腔体的油液流向右侧腔体的通路上有一个阻尼孔，这个阻尼孔小,阻尼孔对油液的阻碍作用大,油液流通不顺畅。如果阻尼孔大,如图 2-27(b)所示,阻尼孔对油液的阻碍作用小,油液流通顺畅。

除了阻尼孔的大小,液体流经阻尼孔的速度、油液的黏度对减振器的阻尼力都有影响。液体流经阻尼孔的速度越快,阻尼力越大;液体越黏稠,阻尼力越大,比如相同的流通速度,通过相同的阻尼孔,油的流动阻力就比水的流动阻力大。减振器的阻尼力越大,减振作用越强,但缓冲性能越差。

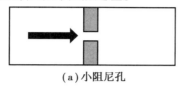 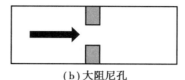

(a)小阻尼孔　　　　　　　　(b)大阻尼孔

图 2-27　阻尼孔

液力减振器的结构如图 2-28 所示,主要由工作缸、上腔体、下腔体、活塞杆、活塞、活塞上的阻尼孔、油液等组成。工作原理为:活塞杆上端连接车身,工作缸下端连接悬架,压缩行程(车轮移近车身)中减振器受压缩,减振器内活塞向下移动,活塞下腔室的容积减小,油压升高,克服单向阀弹簧弹力,油液流经活塞上的阻尼孔流到活塞上腔,阻尼孔对油的阻碍作用形成悬架受压缩运动的阻尼力。

2.2.3　双向作用筒式减振器的结构和工作原理

1)双向作用筒式减振器的结构

双向作用筒式减振器的结构如图 2-29 所示,主要由工作缸筒、储油缸筒、活塞杆、活塞、流通阀、伸张阀、补偿阀、压缩阀等组成,这些阀相当于阻尼孔。

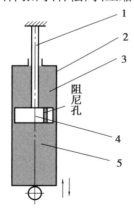 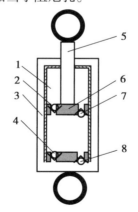

图 2-28　液力减振器结构
1—活塞杆;2—工作缸;
3—上腔体;4—活塞;
5—下腔体

图 2-29　双向作用筒式减振器结构
1—工作缸筒;2—流通阀;3—储油缸筒;
4—补偿阀;5—活塞杆;6—活塞;
7—伸张阀;8—压缩阀

流通阀和补偿阀是一般的单向阀,其弹簧很弱,当阀上的油压作用力与弹簧力同向时,阀处于关闭状态,完全不流通;而当油压作用力与弹簧力反向时,只要很小的油压,阀便能开启。

压缩阀和伸张阀是卸载阀,其弹簧较强,预紧力较大,只有当油压升高到一定程度时,阀才能开启,而当油压降低到一定程度时,阀自动关闭。

2）双向作用筒式减振器的工作原理

压缩行程（车轮移近车身）时，如图 2-30 所示，减振器受压，活塞向下移动，活塞下腔室的容积减小，油压升高，油液经流通阀流到活塞上面的腔室（上腔），上腔被活塞杆占去了一部分空间，因而上腔增加的容积小于下腔减小的容积，一部分油液就推开压缩阀，流回储油缸。这些阀对油的节流作用形成悬架受压缩运动的阻尼力。

伸张行程（车轮远离车身）时，如图 2-31 所示，减振器被拉伸，活塞向上移动，活塞上腔油压升高，流通阀关闭，上腔内的油液推开伸张阀流入下腔，活塞杆的存在使自上腔流来的油液不足以充满下腔增加的容积，故下腔产生一真空度，这时储油缸中的油液推开补偿阀流进下腔进行补充。这些阀对油的节流作用形成悬架伸张运动的阻尼力。

伸张阀弹簧的刚度和预紧力大于压缩阀，同样压力下，伸张阀及相应常通缝隙的通道截面积总和小于压缩阀及相应常通缝隙的通道截面积总和。这使得减振器伸张行程产生的阻尼力大于压缩行程的阻尼力，达到迅速减振的目的。

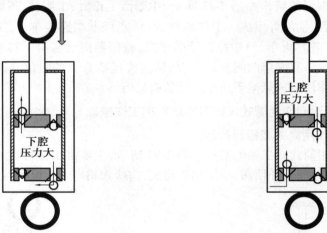

图 2-30　压缩行程油液流动图　　　　图 2-31　伸张行程油液流动图

任务 2.3　悬架系统的检查与维护

📖 任务情境

某品牌汽车车主张先生抱怨行车过程中汽车左前悬架系统有异响，特别是在颠簸路面，异响特别突出。作为维修技师的你能为张先生解决车的异响问题吗？

📖 学习目标与知识点、技能点清单

学习目标	知识点	技能点
能实施悬架系统检查与维护	◇减振器检查方法 ◇车身高度检查方法 ◇螺旋弹簧检查方法 ◇车轮轴承检查方法 ◇车轮前摆臂球头检查方法 ◇摆臂橡胶衬套检查方法 ◇导向机构检查方法 ◇底盘螺栓紧固方法	◇检查减振器 ◇检查车身高度 ◇检查螺旋弹簧 ◇检查车轮轴承 ◇检查车轮前摆臂球头 ◇检查摆臂橡胶衬套 ◇检查导向机构 ◇紧固底盘螺栓

📖 学习任务

知识部分任务

1. 减振器泄漏检查方法：＿＿＿＿＿＿＿＿＿＿＿＿＿＿＿＿＿＿＿＿
＿＿＿＿＿＿＿＿＿＿＿＿＿＿＿＿＿＿＿＿＿＿＿＿＿＿＿＿＿＿＿＿＿

2. 减振器功能检查方法：＿＿＿＿＿＿＿＿＿＿＿＿＿＿＿＿＿＿＿＿
＿＿＿＿＿＿＿＿＿＿＿＿＿＿＿＿＿＿＿＿＿＿＿＿＿＿＿＿＿＿＿＿＿

3. 车身高度检查方法：＿＿＿＿＿＿＿＿＿＿＿＿＿＿＿＿＿＿＿＿＿＿
＿＿＿＿＿＿＿＿＿＿＿＿＿＿＿＿＿＿＿＿＿＿＿＿＿＿＿＿＿＿＿＿＿

4. 螺旋弹簧检查方法：＿＿＿＿＿＿＿＿＿＿＿＿＿＿＿＿＿＿＿＿＿＿
＿＿＿＿＿＿＿＿＿＿＿＿＿＿＿＿＿＿＿＿＿＿＿＿＿＿＿＿＿＿＿＿＿

5. 车轮轴承检查方法：＿＿＿＿＿＿＿＿＿＿＿＿＿＿＿＿＿＿＿＿＿＿
＿＿＿＿＿＿＿＿＿＿＿＿＿＿＿＿＿＿＿＿＿＿＿＿＿＿＿＿＿＿＿＿＿

6. 车轮前摆臂球头检查方法：＿＿＿＿＿＿＿＿＿＿＿＿＿＿＿＿＿＿
＿＿＿＿＿＿＿＿＿＿＿＿＿＿＿＿＿＿＿＿＿＿＿＿＿＿＿＿＿＿＿＿＿

7. 摆臂橡胶衬套检查方法：＿＿＿＿＿＿＿＿＿＿＿＿＿＿＿＿＿＿＿＿
＿＿＿＿＿＿＿＿＿＿＿＿＿＿＿＿＿＿＿＿＿＿＿＿＿＿＿＿＿＿＿＿＿

8. 导向机构检查方法：＿＿＿＿＿＿＿＿＿＿＿＿＿＿＿＿＿＿＿＿＿＿
＿＿＿＿＿＿＿＿＿＿＿＿＿＿＿＿＿＿＿＿＿＿＿＿＿＿＿＿＿＿＿＿＿

实操部分任务

某品牌汽车车主张先生报怨行车过程中汽车左前悬架系统有异响,特别是在颠簸路面,异响特别突出。请小组团结协作,帮助张先生找出车的异响部位。操作过程中,一定要仔细认真、一丝不苟、精益求精。

1. 制订工作计划

(1)请列出检查悬架过程中可能对人员、车辆、环境、工具设备造成的危害,操作过程中,务必避免这些危害。

_____

_____

（2）查阅维修手册，列出检查悬架系统所需的工具设备。

_____

_____

_____

2.请按照下表步骤，对悬架系统进行检查，并将结果记录在检查结果记录表中。

项　目	图　示	操作要点
1.检查车身高度		调整轮胎气压至标准值，将汽车前、后部上下按压 4~5 次，测量轮罩到地面高度，看是否左右相等
2.检查减振器	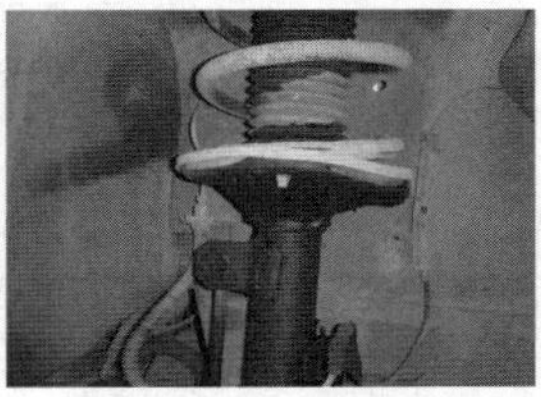	举升车辆，检查减振器是否有凹痕、漏油，安装点是否松动
3.检查螺旋弹簧		检查螺旋弹簧是否有锈蚀、裂纹
4.检查前摆臂球头		抓牢前摆臂外端，试图上下移动，观察有无移动量。自由移动通常伴随着"咔嗒"声，出现自由移动量则表明球头损坏
5.检查摆臂和减振器橡胶衬套		用螺丝刀撬衬套，检查所有橡胶零件有无磨损、裂纹、变形，正常情况应有一定弹性

续表

项　　目	图　　示	操作要点
6. 检查导向机构		检查所有的摆臂、横向稳定杆等是否有凹坑、裂纹、变形,若有必须更换
7. 检查车轮轴承		摇晃车轮,检查前轮轴承是否松动,旋转车轮确认车轮旋转平稳且安静
8. 检查横向稳定杆		检查横向稳定杆是否安装牢固,横向稳定杆球头是否磨损、松旷、变形

检查结果记录表			
检查项目		检查结果	
		正常	不正常
车身高度	左前轮罩高度:＿＿＿＿		
	右前轮罩高度:＿＿＿＿		
	左后轮罩高度:＿＿＿＿		
	右后轮罩高度:＿＿＿＿		
减振器是否有凹痕			
减振器是否有泄漏			
弹性元件是否有锈蚀、裂纹			
轮毂轴承是否有噪声、松动			
球头预紧度检查			
衬套是否老化变形			
摆臂是否变形			
横向稳定杆			

3. 查阅维修手册,将悬架关键螺栓力矩列在下表中,并按照规定力矩拧紧悬架螺栓。

螺栓名称		力矩值/（N·m⁻¹）
前悬架	副车架和车身连接螺栓	
	前支柱与车体连接螺母	
	前支柱与转向节连接螺栓、螺母	
	前摆臂与发动机副车架连接螺栓	
	前摆臂球头销与转向节锁紧螺母	
	前稳定杆与前稳定连接杆连接螺母	
	前稳定连接杆与前支柱总成连接螺母	
	前稳定杆托架与发动机副车架连接螺栓	
	转向横拉杆与转向节锁紧螺母	
	车轮螺母	
后悬架	后桥总成与后制动器连接螺栓	
	后减振器与车体连接螺栓、螺母	
	后减振器与后桥连接螺栓、螺母	
	车轮螺母	

📖 学习活动鉴定单

学习目标	鉴定1	鉴定2	鉴定3	鉴定结论	鉴定教师签字
1. 能检查减振器				□通过 □不通过	
2. 能检查车身高度				□通过 □不通过	
3. 能检查螺旋弹簧				□通过 □不通过	
4. 能检查车轮轴承				□通过 □不通过	
5. 能检查车轮前摆臂球头				□通过 □不通过	
6. 能检查摆臂橡胶衬套				□通过 □不通过	
7. 能检查悬架导向机构				□通过 □不通过	
8. 能紧固底盘螺栓				□通过 □不通过	

📖 学习信息

2.3.1　减振器就车检查

（1）检查减振器是否有凹痕、漏油，安装点是否松动

（2）泄漏检查

如图 2-32 所示，允许有一层油膜（渗出）附在前、后减振装置上，这是正常的。渗油是指有一层厚油膜积在减振壳体外面，通常会因吸附大量灰尘而被注意到。减振器渗油现象是正常的，不需要因此更换减振器。泄漏现象是指整个减振装置被漏油覆盖同时油液会从悬架滴落到地面上。

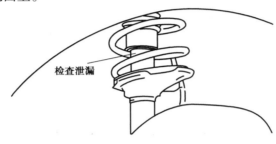

图 2-32　减振器泄漏检测

（3）减振器功能检查

①用力按压车身后放开，观察车身上下弹跳次数，如果弹跳次数为 1~3 次，则表明减振器功能正常；若弹跳次数多于 3 次，则表明减振器功能失效。

②在不平路面行驶 10 km，摸减振器表面，过冷或过热均表明减振器失效。

2.3.2　车身高度检查

目视检查车身是否有倾斜，将车辆停放在平坦路面调整好 4 个轮胎气压，将汽车前部上下颠簸 4~5 次，确认汽车处于中间高度位置。测量左前轮罩到地面高度、右前轮罩到地面高度，二者之差应在一定范围内。若超出范围，说明悬架系统有变形，应检查三角臂是否弯曲、弹性铰接套或装配螺栓是否磨损、螺旋弹簧是否失效、减振器是否失效。

2.3.3　螺旋弹簧检查

举升汽车，检查螺旋弹簧有无损坏、变形、锈蚀。

2.3.4　车轮轴承检查

①举升汽车。

②摇晃车轮，检查轴承是否松动，如图 2-33 所示。

③快速旋转车轮，确认车轮旋转平稳而安静。

④拆卸制动钳和固定板。

⑤在车轮轮毂上装一个合适的千分表固定器，推拉车轮轮毂，测量车轮轮毂与车轮轴承总成的轴向间隙，如图 2-34 所示。不应有轴向间隙，如果有轴向间隙，更换轴承。

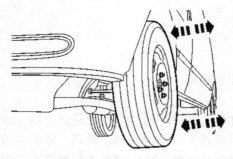

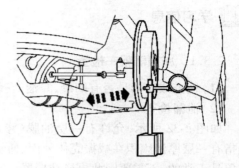

图 2-33　车轮轴承检查　　　　　　图 2-34　测量车轮轴承总成的轴向间隙

2.3.5　车轮前摆臂球头检查

①举升汽车。

②抓牢前摆臂外端,试图上下移动,观察有无移动量。自由移动通常伴随着"咔嗒"声,出现自由移动量则表明球头损坏。

③如有自由移动,更换球头。

④目视检查球头密封皮碗是否有破裂,若有则更换球头。

2.3.6　摆臂橡胶衬套检查

悬架衬套安装在悬架杆件与车身之间,如图 2-35 所示,衬套实物如图 2-36 所示。由于它是胶质材料做成的,故能起缓冲作用。若悬架衬套老化变形,则悬架舒适性变差还会有异响。

使用撬杠撬衬套,检查所有橡胶零件有无磨损、裂纹、变形,若有则更换橡胶衬套。

图 2-35　衬套在悬架上的应用　　　　　　图 2-36　橡胶衬套实物图
1—橡胶衬套;2—支柱总成;3—摆臂

2.3.7　导向机构检查

检查所有的摆臂、横向稳定杆等是否有凹坑、裂纹、变形,若有则需更换。

2.3.8　底盘螺栓紧固

查阅维修手册,按照维修手册规定力矩紧固底盘螺栓。

任务 2.4　悬架系统拆装

📖 任务情境

客户王先生反映他的车左前减振器有明显漏油,行车过程中左前悬架异响严重且振动较大。作为维修技师的你能为客户检查减振器,确认减振器是否漏油,并修复该故障吗?

📖 学习目标与知识点、技能点清单

学习目标	知识点	技能点
1.能拆卸悬架支柱	◇悬架支柱拆卸步骤与方法	◇拆卸悬架支柱
2.能分解悬架支柱	◇悬架支柱分解步骤与方法	◇分解悬架支柱
3.能安装悬架支柱	◇悬架支柱安装步骤与方法	◇安装悬架支柱

📖 学习任务

知识部分任务

1.悬架支柱的拆卸步骤:＿＿＿＿＿＿＿＿＿＿＿＿＿＿＿＿

＿＿＿＿＿＿＿＿＿＿＿＿＿＿＿＿＿＿＿＿＿＿＿＿＿＿＿

2.悬架支柱的分解步骤:＿＿＿＿＿＿＿＿＿＿＿＿＿＿＿＿

＿＿＿＿＿＿＿＿＿＿＿＿＿＿＿＿＿＿＿＿＿＿＿＿＿＿＿

3.悬架支柱的安装步骤:＿＿＿＿＿＿＿＿＿＿＿＿＿＿＿＿

实操部分任务

客户王先生的车左前减振器漏油,需要进行更换。减振器更换作业步骤繁杂、耗时耗力,但只要不怕苦、不怕累,充分发扬崇尚劳动、热爱劳动、辛勤劳动、诚实劳动的劳动精神,一定能圆满解决客户的问题。

1.制订工作计划

（1）请列出更换悬架过程中可能对人员、车辆、环境、工具设备造成的危害。操作过程中，务必避免这些危害。

_____

_____

_____

_____

（2）查阅维修手册，列出拆装悬架所需的工具设备。

_____

_____

_____

2.请按照下表中的步骤，完成悬架系统的拆卸、分解及安装。

步　骤	图　示	操作要点
拆卸悬架支柱		
1.拆卸车轮		注意螺栓对角、分多次拆卸
2.拆卸连接支柱总成与横向稳定杆上球头的固定螺母		—
3.拆卸支柱与转向节的连接件		2处螺母,将转向节与支柱总成下端分离
4.拆卸支柱总成上部固定螺母,取出支柱总成	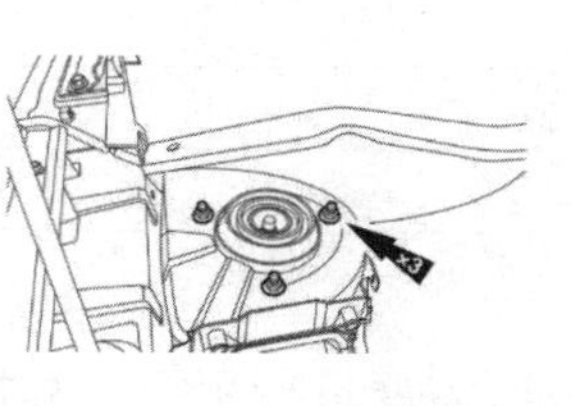	3处螺母,用手拿住减振器下端防止跌落

续表

步 骤	图 示	操作要点
分解悬架支柱		
5.螺旋弹簧局部压缩		螺旋弹簧处于极度受力状态,应时刻小心以免造成伤害
6.分解减振器和螺旋弹簧		第 1 步:拆卸止推螺母盖; 第 2 步:拆卸止推螺母; 第 3 步:拆卸支柱安装座组件; 第 4 步:拆卸轴承; 第 5 步:拆卸螺旋弹簧上安装座; 第 6 步:拆卸螺旋弹簧上垫组件; 第 7 步:拆卸螺旋弹簧; 第 8 步:拆卸防尘罩; 第 9 步:拆卸缓冲块; 第 10 步:拆卸螺旋弹簧下垫组件
安装悬架支柱		
7.安装	更换新减振器,按照与拆卸相反的顺序安装,并按照维修手册规定力矩紧固螺栓	

📖 学习活动鉴定单

学习目标	鉴定1	鉴定2	鉴定3	鉴定结论	鉴定教师签字
1.能拆卸悬架支柱				□通过 □不通过	
2.能分解悬架支柱				□通过 □不通过	
3.能安装悬架支柱				□通过 □不通过	

📖 学习信息

2.4.1 拆卸悬架支柱

①拆卸车轮。

②举升车辆。

③拆卸连接支柱总成与横向稳定杆上球头的固定螺母（图 2-37）。使用棉布保护球头以免损坏。

④拆卸支柱与转向节的连接件。

- 拆卸转向节处固定螺母（图 2-38），取出连接螺栓。
- 将转向节与支柱总成分离。

图 2-37　拆卸连接支柱总成与横向稳定　　　　图 2-38　拆卸转向节处固定螺母
　　　　　杆上球头的固定螺母

⑤拆卸支柱总成上部固定螺母（图 2-39），取出支柱总成。

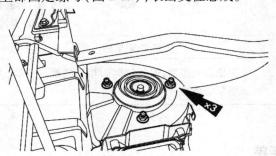

图 2-39　拆卸支柱总成上部固定螺母

2.4.2　分解悬架支柱

①用专用工具将螺旋弹簧局部压缩（图 2-40）。由于螺旋弹簧处于极度受力状态，应时刻小心以免造成伤害。

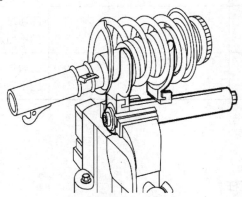

图 2-40　螺旋弹簧局部压缩

②拆卸止推螺母盖(图2-41)。

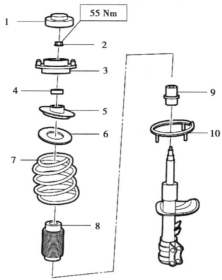

图2-41　减振器与螺旋弹簧分解图

1—止推螺母盖;2—止推螺母;3—安装座;4—轴承;5—螺旋弹簧上安装座;
6—螺旋弹簧上垫;7—螺旋弹簧;8—防尘罩;9—缓冲块;10—螺旋弹簧下垫

③拆卸止推螺母。

④拆卸支柱安装座组件。

⑤拆卸轴承。

⑥拆卸螺旋弹簧上安装座。

⑦拆卸螺旋弹簧上垫组件。

⑧拆卸螺旋弹簧。

⑨拆卸防尘罩。

⑩拆卸缓冲块。

⑪拆卸螺旋弹簧下垫组件。

2.4.3　安装悬架支柱

安装顺序和拆卸顺序相反,并按规定力矩紧固螺栓。

任务2.5　认识空气悬架

📖 任务情境

客户王女士到店购车,发现有的车采用普通悬架,有的车采用空气悬架,她很好奇普通悬架和空气悬架有什么区别。作为销售顾问的你能专业地回答客户的问题吗?

📖 学习目标与知识点、技能点清单

学习目标	知识点	技能点
1. 能描述空气悬架的功能和组成	◇空气悬架的功能 ◇空气悬架的组成	◇描述空气悬架的功能 ◇识别空气悬架的部件
2. 能描述空气弹簧的结构和工作原理	◇空气弹簧的结构 ◇空气弹簧的工作原理	◇描述空气弹簧的工作原理
3. 能描述可变阻尼减振器的结构和工作原理	◇可变阻尼减振器的结构 ◇可变阻尼减振器的工作原理	◇识别可变阻尼减振器的结构 ◇描述可变阻尼减振器的工作原理
4. 能描述空气供给系统的组成和充排气路线	◇空气供给系统的组成 ◇空气弹簧充气路线 ◇空气弹簧排气路线	◇识别空气供给系统的组成 ◇描述空气弹簧的充排气路线

📖 学习任务

知识部分任务

一、空气悬架概述

1. 对比图 2-42 中传统悬架和空气悬架在空载和满载情况下的区别。

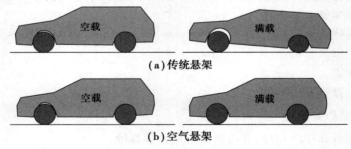

(a) 传统悬架

(b) 空气悬架

图 2-42　传统悬架与空气悬架

区别：_____

_____

2. 查阅资料，说明空气悬架的功能。

_____

_____

_____

二、空气弹簧

1. 空气弹簧以空气为弹性介质，利用气体的可压缩性实现弹簧的作用。图 2-43 显示了某汽车空气弹簧的结构，请查阅资料，将部件 1 和 2 的名称补充完整。

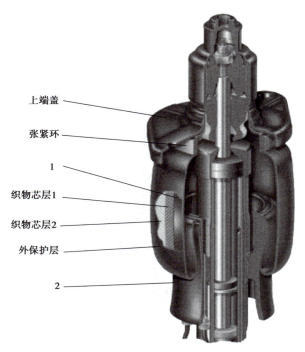

图 2-43   空气弹簧结构

上端盖
张紧环
1
织物芯层1
织物芯层2
外保护层
2

1 _____   2 _____

2.空气弹簧的刚度(软硬程度)可以随着汽车工况的变化而改变。

急转弯、加速时,空气弹簧是软一些好还是硬一些好呢? 为什么? _____

_____

高速行驶时,空气弹簧是软一些好还是硬一些好呢? 为什么? _____

_____

3.某品牌汽车的空气弹簧设置了普通位置、下沉位置和升起位置,请将这 3 个位置和对应的路况连线。

普通位置   下沉位置   升起位置

无路或坏路上行驶   城市行驶   车辆高速行驶

三、可变阻尼减振器

1.前面我们学过,影响减振器阻尼力的因素有:阻尼孔面积、流通速度和油液黏度。可变阻尼减振器□□□□□大小来调节阻尼力大小。图 2-44 所示是可变阻尼减振器的结构图□□□□□部分补充完整。

2.工作腔 1 □□□□□制(PDC)阀相连。空气弹簧压力较小时(空载或很小的部分载荷)□□□□油流动阻力也小,一部分液压油会流过 PDC 阀,如图 2-45(a)所示,这时阻尼力大还是小呢? 请说明原因。

阻尼力大还是小? _____

_____

原因:_____

_____

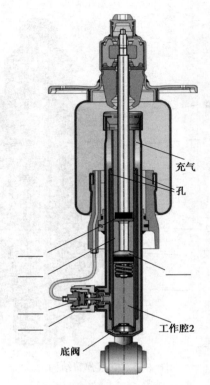

充气
孔

工作腔2

底阀

图 2-44　可变阻尼减振器结构图

3. 载荷增加,空气弹簧压力增加,PDC 阀所形成的液压油流动阻力增大,大部分油液必须流过活塞阀,如图 2-45(b)所示,这时阻尼力大还是小? 请说明原因。

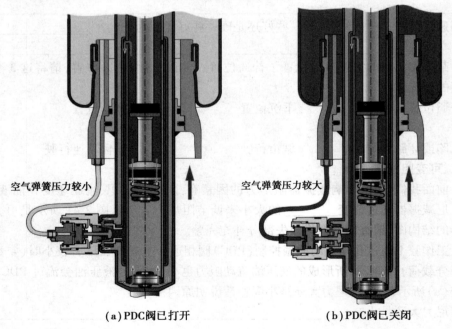

空气弹簧压力较小　　　　　　　　　　空气弹簧压力较大

(a)PDC阀已打开　　　　　　　　　(b)PDC阀已关闭

图 2-45　PDC 阀

阻尼力大还是小？_____

_____

原因：_____

_____

四、空气供给系统

1. 根据图2-46，填写下表。

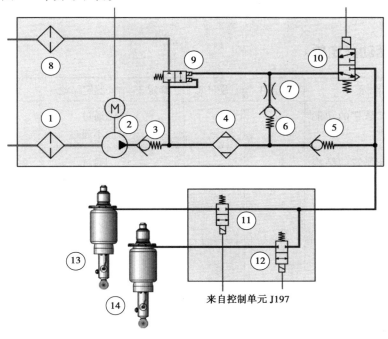

图 2-46 空气供给系统组成示意图

序　号	名　　称	序　号	名　　称
1		8	
2		9	
3		10	
4		11	
5		12	
6		13	
7		14	

2. 在图2-46中，用实线箭头标明空气弹簧充气的气体流向，用虚线箭头标明空气弹簧排气的气体流向。

实操部分任务

在提供的实车或台架上，识别空气悬架各组成部分。

序　号	名　　称	序　号	名　　称
1		5	
2		6	
3		7	
4		8	

📖 学习活动鉴定单

学习目标	鉴定1	鉴定2	鉴定3	鉴定结论	鉴定教师签字
1. 能描述空气悬架的功能和组成				□通过 □不通过	
2. 能描述空气弹簧的结构和工作原理				□通过 □不通过	
3. 能描述可变阻尼减振器的结构和工作原理				□通过 □不通过	
4. 能描述空气供给系统的组成及充排气路线				□通过 □不通过	

📖 学习信息

2.5.1　空气悬架概述

普通悬架主要由钢制弹簧和减振器组成,一旦设计成型,刚度和阻尼不可调节。悬架的操控性和舒适性总是矛盾的,悬架刚度较硬时,操控性好,但无法很好地缓解车轮对车身造成的冲击,舒适性差;反之,较软的悬架可以很好地缓解车轮对车身造成的冲击,但操控时支撑不够,抓地力不足,操控性下降。因此,固定刚度和阻尼的普通悬架对路况的适应性有限。

相比之下,空气悬架采用了刚度可调的空气弹簧和阻尼可调的减振器,显著提高了悬架对路面的适应性。空气悬架的主要功能包括自动水平调节;根据车速自适应车身高度调节;根据路况和行驶工况自适应阻尼调节。

2.5.2　空气弹簧

空气弹簧占用空间小、弹簧行程大,结构如图 2-47 所示。空气弹簧以空气为弹性介质,在密闭空间内装入压缩空气(气压为 0.5 ~ 1 MPa),利用气体的可压缩性实现弹簧的作用。注意:空气弹簧无压力时千万不要运动,否则会造成损坏,如果想举升或下压车辆,必须先用诊断仪器给空气弹簧充气。

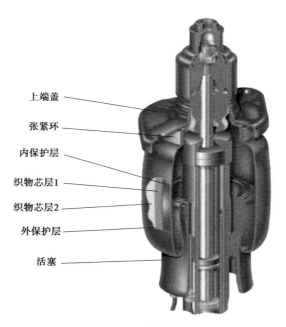

上端盖

张紧环

内保护层

织物芯层1

织物芯层2

外保护层

活塞

图 2-47　空气弹簧结构

2.5.3　可变阻尼减振器

空气悬架常用的可变阻尼减振器是 PDC 减振器。这种减振器在部分负荷时能使车辆具备良好的驾乘舒适性,而全负荷时又可保证车身获得足够的减振刚度,阻尼力可根据空气弹簧压力来改变。PDC 减振器的结构如图 2-48 所示。

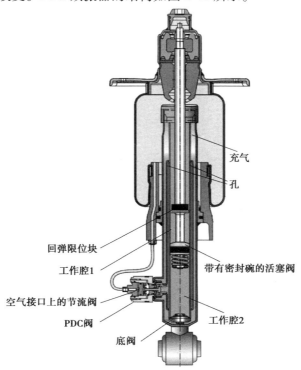

充气

孔

回弹限位块

工作腔1

带有密封碗的活塞阀

空气接口上的节流阀

PDC阀

工作腔2

底阀

图 2-48　PDC 减振器结构图

如前文所述,改变油液流通面积可改变减振器阻尼力,PDC减振器就是通过改变油液流通面积来实现阻尼力可变的。阻尼力的变化通过PDC阀实现,该阀集成在减振器内,通过一根软管与空气弹簧相连,如图2-48所示。

PDC阀会影响活塞杆一侧工作腔(工作腔1)的液压油流动阻力。工作腔1通过孔与PDC阀相连。PDC阀开度的大小取决于空气弹簧压力大小,下面我们分析一下PDC阀的受力情况。

如图2-49所示,PDC阀左端作用的是来自空气弹簧的空气压力F_1,右端作用的是工作腔1的油压力F_2。载荷减小,空气弹簧压力小,F_2大于F_1,PDC阀开启,工作腔1的油液可以通过PDC阀流往储油缸,油液流通面积大,阻尼力减小。

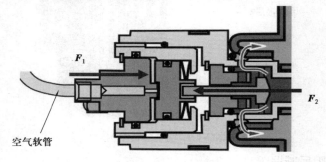

图 2-49　PDC阀受力图

如图2-50所示,拉伸时活塞被拉着向上运动,一部分液压油流过活塞阀,另一部分液压油通过工作腔1内的孔流往PDC阀,这时工作腔1的油压力F_2大于空气压力F_1,PDC阀开启,工作腔1的油液可以通过PDC阀流往储油缸,油液流通面积大,阻尼力小。如图2-51所示,载荷增加,空气弹簧压力增加,F_1大于F_2,PDC阀关闭,减振器内油液只能通过活塞阀流往下腔,油液流通面积减小,减振器阻尼力增大。

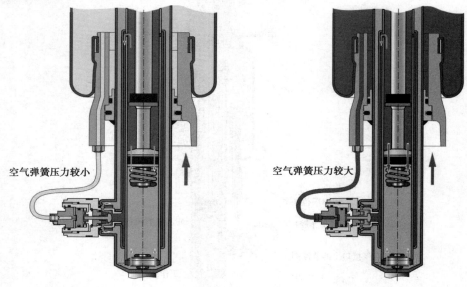

图 2-50　PDC阀打开油液流通图　　　　　图 2-51　PDC阀关闭油液流通图

PDC减振器的阻尼力受控于空气弹簧的空气压力,空气弹簧压力小,减振器阻尼力也小;空气弹簧压力大,减振器阻尼力也大。

2.5.4   空气供给系统

空气供给系统向空气弹簧提供压缩空气,由空气压缩机、空气干燥剂、横向截止阀、控制单元等组成,如图 2-52 所示。压缩机用于提供高压空气,空气干燥剂吸收空气中的水分,横向截止阀用于接通和断开通往空气弹簧的气路,控制单元控制整个电控悬架系统。

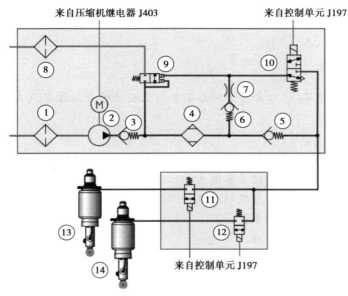

图 2-52   空气供给系统组成示意图

1—进气滤清器;2—带有电机的压缩机;3—止回阀 1;4—空气干燥器;5—止回阀 2;

6—止回阀 3;7—节流阀;8—排气滤清器;9—气动排气阀;10—排气阀;

11—左后减振支柱阀;12—右后减振支柱阀;13—左后空气弹簧;14—右后空气弹簧

空气供给系统的工作原理如下:

(1)吸气过程

电控单元控制空气压缩机工作,空气经进气滤清器、压缩机、止回阀 1 进入空气干燥器,经过干燥的空气,流向止回阀 2,控制单元控制减振支柱阀打开,压缩空气进入空气弹簧,弹簧压力增大,弹簧刚度增大。

(2)排气过程

排气过程中,减振支柱阀及排气阀都打开,空气弹簧中空气经减振支柱阀到排气阀,经过节流阀,止回阀 3 进入空气干燥器,经空气干燥器、气动排气阀、排气滤清器进入大气。

项目 3　汽车转向系统的检查与维修

项目学习目标

通过本项目的学习,学习者应该具备安全而正确地检查与诊断汽车转向系统故障的能力。具体表现为:

1. 职业目标

(1)能描述转向系统功能;

(2)能描述转向系统相关的基本概念和原理;

(3)能描述液压助力转向系统的组成和工作原理;

(4)能检查液压助力转向系统;

(5)能更换液压助力转向油;

(6)能描述电动助力转向 EPS 系统的组成和工作原理;

(7)能分析 EPS 电路图;

(8)能诊断转向系统故障。

2. 素质目标

(1)培养规范意识和环保意识,树立和践行"绿水青山就是金山银山"的理念,站在人与自然和谐共生的角度谋划发展。

(2)培养崇尚劳动、热爱劳动、辛勤劳动、诚实劳动的劳动精神。

(3)培养科技创新精神,助力加快实施创新驱动发展战略。

学习指南

ST1:明确学习目标及相应的知识点、技能点。

ST2:按照学习任务列表完成每一项任务。知识部分任务需在课前完成,完成该部分任务时,可以参考本书提供的学习信息,利用维修手册及各类教学资源库等学习资源;也可以在课前或上课时向任课教师寻求帮助。任课教师在正式行课时展示知识部分任务的完成情况,实现学习交流。

ST3:实操部分任务,可以在正式行课前自行完成,也可以由任课教师在课堂上安排完成。

ST4:完成任务列表后,根据学习活动鉴定清单进行自查,并进行知识与技能的补充学习。

ST5:任课教师按照学习活动鉴定清单进行知识与技能鉴定,学习者平时对学习过程也可以作为鉴定的依据。

任务3.1 认识转向系统

📖 任务情境

王先生在车展上发现一辆很酷的车,四轮均可转向,他很好奇这种转向方式。如果你是在场的销售顾问,你能为王先生解释四轮转向的优势吗?

📖 学习目标与知识点、技能点清单

学习目标	知识点	技能点
1. 能描述转向系统的作用	◇转向系统的作用	◇描述转向系统的作用
2. 能描述转向系统相关的基本概念和原理	◇转向中心的概念 ◇转向半径的概念 ◇转向梯形的原理	◇识别转向梯形结构
3. 能描述四轮转向系统的特点	◇高速时四轮转向规律 ◇低速时四轮转向规律	◇描述释两轮转向和四轮转向的区别及特点

📖 学习任务

知识部分任务

一、汽车转向系统的作用

1. 请描述汽车转向系统的作用。

_____

_____

2. 理想的转向系统应具备什么性能? 可选择的答案有:轻、重、稳、飘、灵活、转弯半径大、转弯半径小。

_____

_____

3. 不同车速下,转向系统应具备什么功能?

高速行驶时,转向系统应具备的性能为:_____

低速行驶时,转向系统应具备的性能为:_____

停车入库或原地掉头时,转向系统应具备的性能为:_____

二、转向系统运行原理

1. 请根据图 3-1,回答下列问题。

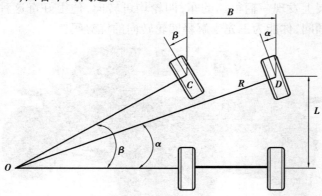

图 3-1　转向系统示意图

转弯半径是:_____（提示:距离 OC、距离 OD）

转向中心是:_____（提示:O 点、C 点、D 点）

2. 请根据图 3-2,描述最小转弯半径的定义。

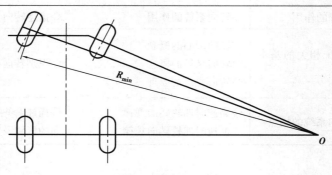

图 3-2　最小转弯半径

3. 根据图 3-1,转弯时内侧车轮的转角 β 与外侧车轮的转角 α 谁更大? 为什么?

_____

_____

4. 转向时内、外侧车轮转动角度能不能相等呢? 如果相等(图 3-3)会怎样?

_____

_____

_____

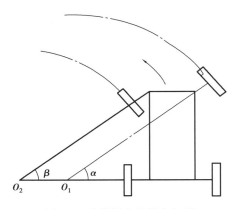

图 3-3　内外侧车轮转角相等

5. 车辆上有一套机械结构用以保证转向时具有唯一转向中心 O,经过工程师的设计和计算,在满足公式 $\cot\alpha=\cot\beta+B/L$ 的情况下,就能实现唯一的转向中心了。查阅资料回答以下问题。在上述公式中,

α 是:＿＿＿＿＿＿＿＿＿＿＿＿＿＿＿＿＿＿＿＿＿＿＿＿＿＿＿＿＿＿＿

β 是:＿＿＿＿＿＿＿＿＿＿＿＿＿＿＿＿＿＿＿＿＿＿＿＿＿＿＿＿＿＿＿

B 是:＿＿＿＿＿＿＿＿＿＿＿＿＿＿＿＿＿＿＿＿＿＿＿＿＿＿＿＿＿＿＿

L 是:＿＿＿＿＿＿＿＿＿＿＿＿＿＿＿＿＿＿＿＿＿＿＿＿＿＿＿＿＿＿＿

6. 实现第 5 题中公式的机构称为转向梯形机构,根据图 3-4 写出转向梯形机构的组成。

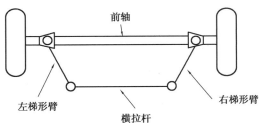

图 3-4　转向梯形机构组成示意图

测量转向角度,查阅资料将缺失部分补充完整。

三、转向系统类型

客户王先生说:"转向系统原理我基本明白了,那四轮转向和两轮转向相比,优势在哪里?两轮转向的缺点是什么?"销售顾问取出四轮转向原理图,递给了王先生。

然后问王先生:"按照图 3-5,后轮转动方向和前轮转动方向相同的话,四轮的转向半径是比两轮转向半径更大?还是更小?"

王先生回答:＿＿＿＿＿＿＿＿＿＿＿＿＿＿＿＿＿＿＿＿＿＿＿＿＿＿＿＿

销售顾问再问:"这样的设计是有利于稳定性吗?还是有利于灵活性?是高速还是低速更有用呢?"

王先生回答:＿＿＿＿＿＿＿＿＿＿＿＿＿＿＿＿＿＿＿＿＿＿＿＿＿＿＿＿

销售顾问继续问,如果后轮转动方向和前轮转动方向相反(图 3-6),四轮转向半径是

比两轮转向更大还是更小？有什么好处？

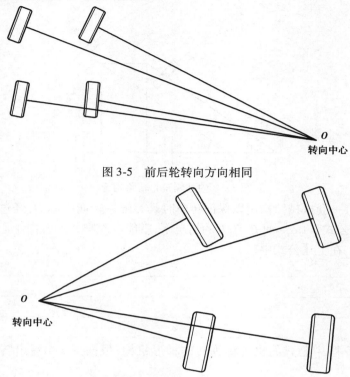

图 3-5　前后轮转向方向相同

图 3-6　前后轮转向方向相反

王先生回答:＿＿＿＿＿＿＿＿＿＿＿＿＿＿＿＿＿＿＿＿＿＿＿＿＿＿＿＿＿＿＿

＿＿＿＿＿＿＿＿＿＿＿＿＿＿＿＿＿＿＿＿＿＿＿＿＿＿＿＿＿＿＿＿＿＿＿＿＿＿

最后,销售顾问总结说:"王先生,现在您知道四轮转向的优势了吧?"

王先生回答:"是的,谢谢您。"

实操部分任务

步　骤	图　示	要　点
1.将车辆停在转盘中心位置上	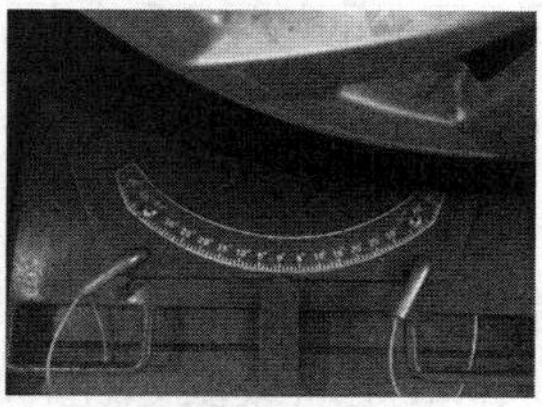	确保指针在"＿＿"位
2.取出转盘定位销		

续表

步　骤	图　示	要　点
3. 向左转动方向盘到极限位置		读取左右车轮偏转角度 左侧车轮：＿＿＿＿＿＿＿＿ 右侧车轮：＿＿＿＿＿＿＿＿
4. 向右转动方向盘到极限位置		读取左右车轮偏转角度 左侧车轮：＿＿＿＿＿＿＿＿ 右侧车轮：＿＿＿＿＿＿＿＿
5. 车辆和转盘复位		

学习活动鉴定单

学习目标	鉴定1	鉴定2	鉴定3	鉴定结论	鉴定教师签字
1. 能描述转向系统的作用				□通过 □不通过	
2. 能描述转向系统相关的基本概念和原理				□通过 □不通过	
3. 能描述四轮转向系统的特点				□通过 □不通过	

学习信息

3.1.1　汽车转向系统的作用

汽车转向系统有如下作用：
- 驾驶员通过操作转向系统改变转向轮的方向，实现转向。
- 克服路面侧向干扰力使车轮自行产生转向，恢复原来的行驶方向。

3.1.2　转向系统要求和运行原理

1）对转向系统的总体要求

转向系统的结构和技术性能对汽车的行驶安全至关重要，直接影响驾驶员的劳动强度，因此对转向系统有如下要求：

（1）具有良好的操纵性，即汽车转向系统能够准确按照驾驶员的指令进行转向。

（2）要求车轮应有正确的运动规律，操纵轻便、灵活。

（3）具有良好的稳定性，即受到各种外界干扰时，能够保持稳定或恢复原来的行驶方向。

2）转向系统运行原理

为了避免汽车转向时轮胎过快磨损,要求转向时所有车轮均做纯滚动。显然,这只有所有车轮的轴线都相交于一点时才能实现,此交点 O 称为转向中心,如图 3-1 所示。内转向轮偏转角 β 大于外转向轮偏转角 α,α 和 β 的理想关系式是:

$$\cot \alpha = \cot \beta + \frac{B}{L}$$

式中　B——两侧主销轴线与地面相交点之间的距离,m;

　　　　L——汽车轴距,m。

实现 $\cot \alpha = \cot \beta + B/L$ 关系的机构称为转向梯形机构,如图 3-7 所示。为此必须精心确定转向梯形的几何参数,但迄今为止,所有汽车的转向梯形都只能在一定车轮偏转角范围内大体上接近于理想关系式。

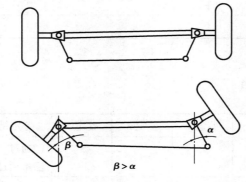

$$\beta > \alpha$$

图 3-7　转向梯形示意图

由转向中心 O 到外转向轮与地面接触点的距离称为汽车转弯半径。转弯半径越小,汽车转向所需要的场地就越小。当外转向轮偏转角达到最大值 α_{max} 时,转弯半径 R 最小（图 3-8）。最小转弯半径 R_{min} 与 α_{max} 的关系为:

$$R_{min} = \frac{L}{\sin \alpha_{max}}$$

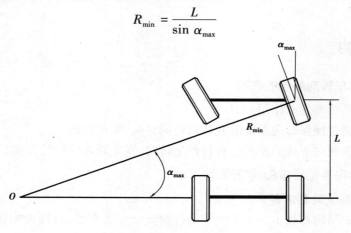

图 3-8　转弯半径示意图

3.1.3　转向系统类型

目前的轿车转向分为两轮转向（2WS）和四轮转向（4WS）,前者普遍使用,后者是近年出现的一种新技术,主要应用在一些高级轿车或新型轿车上。

1）**两轮转向**（2WS）

（1）定义

两轮转向是指前轮转向后轮不转向，转向中心在后轴的延长线上，如图3-9所示。

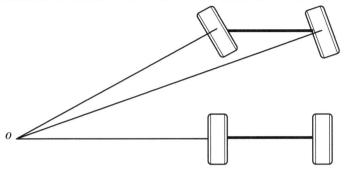

图3-9　两轮转向示意图

（2）两轮转向几何运动关系

例如，汽车向右转向，前轮向右偏转，车辆会有一个向左的离心力，汽车并没有在离心力的作用下产生侧滑，是因为路面给车轮提供一个向右的路面侧向力（摩擦力），如图3-10所示，这时摩擦力和离心力相互平衡，车辆保持稳定行驶。当在冰雪路面时，路面提供的摩擦力小于离心力，车辆会产生侧滑。根据上面分析，路面提供的侧向摩擦力方向和车轮偏转方向一致，车轮向右转，路面侧向摩擦力向右，车轮向左转，路面侧向摩擦力向左。

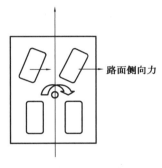

图3-10　2WS几何运动

前轮转向只有前轮产生离心力，路面侧向摩擦力产生围绕重心的力矩，使车身围绕重心横向摆动，如图3-10所示，操纵稳定性降低。理想的高速行驶方向是车身方向与行进方向尽可能一致，以抑制横向摆动。

（3）两轮转向缺点

汽车两轮转向技术虽经历了近两百年的发展，但仍存在如下主要问题：

①两轮转向汽车在转弯时，现有各类转向机构均不能保证全部车轮绕瞬时中心转动，从而在技术上难以完全消除车辆行驶中的车轮侧滑。

②独立悬架汽车中的转向梯形断开点难以确定，这将导致横拉杆与悬架导向机构之间运动不协调，使汽车在行驶中易发生摆振，从而加剧轮胎磨损，转向性能随车速、转向角、路面状态的变化而变化，车速越高，操纵稳定性越差。

③采用两轮转向时，转弯半径较大，汽车的机动灵活性不高。

2）**四轮转向**（4WS）

（1）定义

四轮转向，是指车辆行驶过程中四个车轮能同时发生偏转的转向方式，其中后轮偏转角一般不超过5°。根据转向时前、后轮偏转方向的异同，分为同向偏转（后轮转动方向与前轮转动方向相同）和逆向偏转（后轮转动方向与前轮转动方向相反）两类。

（2）四轮转向几何运动关系

①低速时运动关系分析。汽车低速转向时，各车轮上几乎不产生向心力，4个车轮的

前进方向的垂线在一点相交。车辆即以此交点为转向中心进行转向。若前轮转向角度相同,4WS 的车辆的转向半径更小,内轮也更小,如图 3-11 所示。

②中速时运动关系分析。中速行驶时,后轮笔直,这时的转向就是前面介绍的两轮转向。

③高速时运动关系分析。高速时,前后轮转向相同,如图 3-12 所示。前后轮同时产生离心力,路面侧向力围绕重心的力矩互相平衡,抑制横向摆动,保证了操纵稳定性。

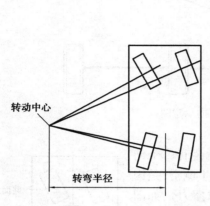

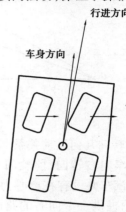

图 3-11　4WS 低速转向时的运动关系　　　图 3-12　4WS 高速转向时的运动关系

（3）四轮转向优点

与普通的两轮转向汽车(2WS)相比,4WS 汽车具有如下优点:

①缩小车辆低速转向时的转弯半径。低速转向时,车辆因前后轮的反向转向能够缩小转弯半径达 20%。

②明显改善车辆高速行驶的稳定性。高速行驶转向时,四轮转向系统通过后轮与前轮的同相转向,有效降低/消除车辆侧滑事故的发生概率。

③转向操作的响应加快,准确性提高。

④转向操作的机动灵活性和行驶稳定性提高。

⑤抗侧向干扰的稳定性效果好。

⑥超车时,变换车道更容易,减小了汽车产生摆尾和侧滑的可能性。

（4）四轮转向缺点

①低速转向时,汽车尾部容易碰到障碍物。

②实现理想控制的技术难度大。

③转向系统结构复杂、成本高。

任务 3.2　认识液压助力转向系统

📖 任务情境

客户张先生到店反应他的车转向沉重,该车采用液压助力转向系统。维修过程中,张先生向你询问液压助力转向的工作原理。作为维修技师的你能回答张先生的问题吗?

📖 学习目标与知识点、技能点清单

学习目标	知识点	技能点
1. 能识别转向系统的组成	◇转向操纵机构 ◇转向器 ◇转向传动系统	◇识别转向操纵机构 ◇识别转向器 ◇识别转向传动系统
2. 能描述齿轮齿条转向器的组成和工作原理 3. 能拆装齿轮齿条转向器 4. 能调整齿轮齿条转向器的间隙	◇齿轮齿条转向器的组成 ◇齿轮齿条转向器的工作原理 ◇齿轮齿条转向器的间隙调整	◇拆装齿轮齿条转向器 ◇调整齿轮齿条间隙
5. 能识别液压助力转向器的组成 6. 能描述液压助力转向器的工作过程	◇液压助力转向器的组成 ◇液压助力转向器的工作过程	◇识别液压助力转向器的组成

📖 学习任务

知识部分任务

一、转向系统的组成

查阅资料,将图 3-13 中缺失信息补充完整。

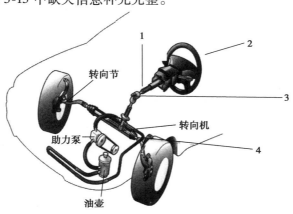

图 3-13　转向系统组成

1 _____ 　　2 _____

3 _____ 　　4 _____

转向系统由转向操纵机构、转向器和转向传动机构 3 部分组成。转向器之前的输入部分称为转向操纵机构,图 3-13 中转向操纵机构主要有哪些部件:_____。转向器之后到车轮的部件称为转向传动机构,图 3-13 中转向传动机构有哪些部件:_____。

二、齿轮齿条式转向器

1. 查阅资料,根据图 3-14,写出齿轮齿条转向器的作用和工作原理。

作用:_____

工作原理：_____

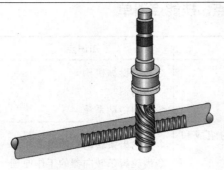

图 3-14　齿轮齿条转向器

2. 齿轮齿条转向器中，齿轮和齿条之间的间隙可通过调整螺母进行调整，如图 3-15 所示。查阅资料写出图 3-16 中各部件的名称。

1 _____　2 _____　3 _____　4 _____　5 _____　6 _____
7 _____　8 _____　9 _____　10 _____

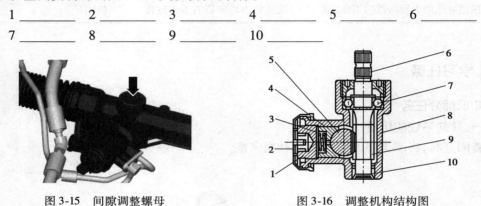

图 3-15　间隙调整螺母　　　　　　　图 3-16　调整机构结构图

三、液压助力转向器

1. 车辆都有助力系统，帮助减轻驾驶员的操作力。液压助力系统是在原有的机械转向系统装置上增加了一套液压助力装置，包括液压油泵、储油罐、液压动力缸（动力缸很多与转向器集成在一起）、液压控制阀和液压管路。查阅资料，将图 3-17 中缺失信息补充完整。

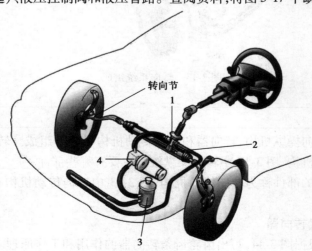

图 3-17　液压助力转向系统组成

1_____   2_____
3_____   4_____

2. 如图 3-18 所示是液压助力原理简图。转向油泵将油加压后送到转向控制阀,转向控制阀相当于一个开关,可以控制通往动力缸左右腔的油路。

车辆往左打方向时,转向助力液的流向是:_____

车辆往右打方向时,转向助力液的流向是:_____

如果动力缸内的活塞密封损坏,则可能导致:_____

_____

_____

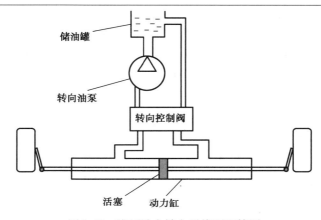

图 3-18　液压助力转向系统原理简图

实操部分任务

1. 在提供的车辆上找出图 3-13 中各部件。

2. 请拆装提供的齿轮齿条转向器,并调节齿轮齿条啮合间隙。

📖 学习活动鉴定单

学习目标	鉴定 1	鉴定 2	鉴定 3	鉴定结论	鉴定教师签字
1. 能识别转向系统的组成				□通过 □不通过	
2. 能描述齿轮齿条转向器的组成和工作原理				□通过 □不通过	
3. 能拆装齿轮齿条转向器				□通过 □不通过	
4. 能调整齿轮齿条转向器的间隙				□通过 □不通过	
5. 能识别液压助力转向器的组成				□通过 □不通过	
6. 能描述液压助力转向器的工作过程				□通过 □不通过	

📖 **学习信息**

3.2.1　转向系统的组成

转向系统由转向操纵机构、转向器和转向传动机构三大部分组成。

转向操纵机构是转向盘到转向器之间所有零部件的总称,由转向盘、转向轴、转向管柱等组成,它的作用是将驾驶员转动转向盘的操纵力传给转向器。

转向器又称转向机、方向机,它是汽车转向系统中最重要的部件,用于增大转向盘传到转向传动机构的力和改变力的传递方向。根据传动副的结构形式,转向器可分为:循环球式、齿轮齿条式、曲柄指销式等,现在轿车上常用的是齿轮齿条式。

从转向器到转向轮之间的所有传动杆件总称为转向传动机构。转向传动机构的作用是将转向器输出的力和运动传到转向桥两侧的转向节,使转向轮偏转,并使两转向轮偏转角按一定关系变化,以保证汽车转向时车轮与地面的相对滑动尽可能小。

3.2.2　齿轮齿条式转向器

如图 3-19 所示为齿轮齿条式转向器,主要由转向器壳体 8、转向齿轮 9、转向齿条 5 等组成。转向器壳体 8 的两端用螺栓固定在车身(车架)上。齿轮轴 6 垂直安装在壳体中,其上端通过花键与转向轴上的万向节(图中未画出)相连,下部分是与轴制成一体的转向齿轮 9。转向齿轮 9 是转向器的主动件,与它相啮合的从动件转向齿条 5 水平布置。该转向器主要用在小型轿车上。

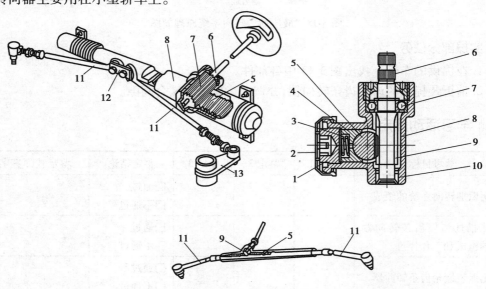

图 3-19　齿轮齿条式转向器

1—调整螺塞;2—罩盖;3—压簧;4—压簧垫块;5—转向齿条;6—齿轮轴;7—球轴承;
8—转向器壳体;9—转向齿轮;10—滚柱轴承;11—转向横拉杆;12—拉杆支架;13—转向节

转动方向盘时,转向齿轮 9 转动,与之相啮合的转向齿条 5 沿轴向移动,转向齿条 5 的中部通过拉杆支架 12 与左、右转向横拉杆 11 连接,从而使左、右转向横拉杆带动转向节 13 转动,使转向轮偏转,实现汽车转向。

如图 3-19 所示,转向齿轮下端在滚柱轴承 10 上,上端通过球轴承 7 支承,啮合间隙指小齿轮与齿条间的配合间隙。齿条背面装有压簧垫块 4,在压簧 3 的作用下,压簧垫块 4 将转向齿条 5 压靠在转向齿轮 9 上,保证二者无间隙啮合。调整螺塞 1 可用来调整压簧的预紧力。压簧 3 不仅能消除啮合间隙,而且还是一个弹性支承,可以吸收部分振动能量,缓和冲击。

3.2.3　液压助力转向器

为了转向轻便,需要采用助力系统,液压助力是一种常用形式。

1)组成

图 3-20 所示为某液压助力转向器的组成示意图,其中转向助力装置由转向油罐 4、转向油泵 5、液压助力齿轮齿条转向器 1 和转向控制阀 2 组成。

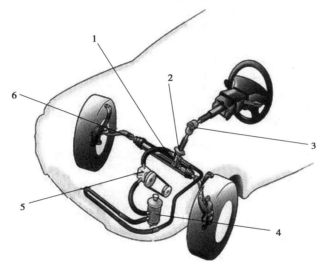

图 3-20　液压助力转向器示意图
1—液压助力齿轮齿条转向器;2—转向控制阀;3—万向节;
4—转向油罐;5—转向油泵;6—转向横拉杆

2)工作过程

液压助力转向在机械式齿轮齿条转向机构的基础上增加了一整套液力系统,包括储液罐、液压助力泵、与转向柱相连的机械阀、转向机构上的液压缸和能够推动转向拉杆的活塞等。

液压泵由发动机通过皮带驱动,也就是说只有发动机运转,转向泵才能够运转,这就是发动机熄火后方向盘助力消失的原因。

图 3-21 所示为液压助力转向系统工作原理简图。转向油泵由发动机带动,发动机启动就可以带动油泵旋转,油泵将储油罐的油加压后送至转向控制阀;动力缸内的活塞连接到转向横拉杆上,活塞左右运动可以帮助驾驶员推动转向横拉杆,实现转向助力。活塞将动力缸分为左腔和右腔,转向控制阀由驾驶员通过方向盘控制,转向控制阀上有 4 个油口,B 口是控制阀的进油口,连接油泵,G 口是回油口,连接储油罐,L 口连接动力缸的左腔,R 口连接动力缸的右腔。

(1)汽车直线行驶

汽车直线行驶时从油泵出来的高压油进入控制阀的 B 口,此时控制阀上的 4 个油口

B、R、L、G 都相通,活塞两端油压相等,不产生助力作用,汽车直线行驶。

（2）汽车向左转向

汽车向左转向时,驾驶员通过转动方向盘控制控制阀旋转,此时控制阀的 B 口和 R 口相通,G 口和 L 口相通,高压油通过控制阀上的 B 口、R 口流到动力缸的右腔,动力缸右腔压力高于左腔,推动活塞向左运动,动力缸左腔的液压油通过控制阀上的 L 口、G 口流回储油罐。活塞的运动推动转向横拉杆运动,从而实现了对转向的助力作用。

（3）汽车向右转向

汽车右转时,驾驶员通过转动方向盘控制控制阀旋转,此时控制阀的 B 口和 L 口相通,G 口和 R 口相通,高压油通过控制阀上的 B 口、L 口流到动力缸的左腔,动力缸左腔压力高于右腔,推动活塞向右运动,动力缸右腔的液压油通过控制阀上的 R 口、G 口流回储油罐。活塞的运动推动转向横拉杆运动,从而实现了对转向的助力作用。

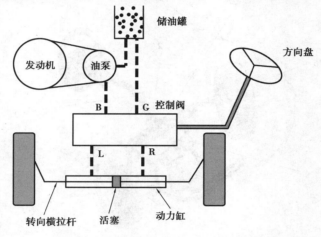

图 3-21　液压助力转向系统工作原理简图

任务 3.3　液压助力转向系统的检查与维护

📖 任务情境

客户张先生到店反映他的车转向器有些漏油,希望对转向系统做一个全面的检查维护。作为维修技师的你能完成这项任务吗?

📖 学习目标与知识点、技能点清单

学习目标	知识点	技能点
1. 能检查液压助力转向系统	◇转向盘自由行程的检查程序 ◇转向力的检查程序 ◇转向传动机构的检查程序 ◇储油罐液压油面高度的检查程序 ◇回正性能检查程序 ◇助力转向传动带张力的检查程序 ◇转向系统泄漏的检查程序 ◇转向系统是否有空气的检查程序 ◇转向系统的排气程序 ◇转向系统真空测试程序	◇检查转向盘自由行程 ◇检查转向力 ◇检查转向传动机构 ◇检查储油罐液压油面高度 ◇检查回正性能 ◇检查助力转向传动带张力 ◇检查转向系泄漏 ◇检查转向系统是否有空气 ◇转向系统排气 ◇转向系统真空测试
2. 能维护液压助力转向系统	◇动力转向液更换程序 ◇转向管路清洗程序 ◇动力转向油泵更换和调整程序	◇更换动力转向液 ◇清洗转向管路 ◇更换和调整动力转向油泵

📖 学习任务

客户张先生到店反映他的车转向器有些漏油,请你给转向系统做一个全面的检查维护。

1. 制订工作计划

①请列出检查液压助力转向系统过程中可能对人员、车辆、环境、工具设备造成的危害? 操作过程中,务必避免这些危害。

_____

_____

②查阅维修手册,请列出液压助力转向系统所需的工具设备。

_____

_____

2. 测量转向盘自由行程,转向盘自由行程反映了转向系统各部件的间隙,也就是转向盘的空转角度,自由行程过大对汽车有什么影响? _____

自由行程过小又有什么影响? _____

3. 按照下表,测量提供车辆的转向盘自由行程,将缺失部分补充完整。

步　骤	图　示	操作要点
1．汽车处于直线行驶状态		方向盘处于直线行驶位置
2．转动方向盘		向左或向右转动方向盘，直到_____为止
3．记录数据与标准值对比。测量值：_____　标准值：_____ 结果判断：_____		

4．按照下表，测量提供车辆的转向力，将缺失部分补充完整。

步　骤	图　示	操作要点
1．汽车处于水平路面直线行驶状态		
2．按规定检查轮胎充气压力		将轮胎压力调到标准值_____
3．启动发动机		运行至动力转向液温度达到_____

续表

步　骤	图　示	操作要点
4. 发动机怠速运转,用弹簧秤勾住转向盘沿切线方向拉动		查阅维修手册,和转向力标准值进行对比。标准值:_____
记录转向力:_____　　结果判断:_____		

5. 检查转向传动机构。双手握紧转向盘,用力上下左右摇动转向盘(不要转动转向盘),检查是否有松旷现象。结果判断:_____。

6. 检查油面高度。把汽车停在干燥、平整的地面,检查转向储油壶中的助力转向液是否在"HIGH"与"LOW"之间。结果判断:_____。

7. 检查回正性能。启动车辆,直线行驶加速至35 km/h,向左或向右旋转方向盘90°,保持1~2 s后松开,检查转向盘的回正角度能否超过70°。结果判断:_____。

8. 按照下表,检查提供车辆的转向系统内是否有空气,并更换油液。

步　骤	图　示	操作要点及结论
1. 发动机转速1 000 r/min时,向左右方向分别将转向盘打到底		反复几次使油温升高
2. 油温升高后,检查储油罐内是否有泡沫或检查油液刻度		有泡沫表明_____是否有泡沫:　　　　是□ 否□油液刻度:_____
3. 发动机停机状态,检查液位与发动机运转时是否相同	发动机启动时　发动机停机时	液位变化在_____mm内正常;液位变化为_____mm

续表

步　骤	图　示	操作要点及结论
4. 检查管路连接是否紧固和漏油		检查部位包括： 储油罐出油回油管路、油泵进出油管路和其他管路
5. 检查转向横拉杆球头		是否松旷： 　　　　　　　　是□ 否□
6. 检查转向机防尘罩		是否有裂纹,旋转360°检查： 　　　　　　　　是□ 否□
7. 检查转向系统螺栓紧固是否正常		是否正常： 　　　　　　　　是□ 否□
8. 准备抽油机		连接压缩空气确认抽油机状态
9. 打开助力转向油加注盖		
10. 抽取助力转向油		选择合适的软管抽取助力转向油。 注意:抽出来的转向液一定要及时回收处理,切忌随意排放,污染环境

续表

步　骤	图　示	操作要点及结论
11. 添加助力转向液到规定位置		至＿＿＿＿位置
12. 启动车辆,旋转方向盘		使发动机怠速运转,方向盘从左侧极限位置旋转到右极限位置,连续打 3 次方向盘

13. 重复 10—12 步,直到抽取出来的油液变干净。加入符合要求的液压油到规定位置,启动发动机,检查和排除油路中的空气

9. 更换和调整动力转向油泵

(1)列出更换油泵的主要步骤。

_____

_____

(2)列出所需工具。

_____

_____

(3)列出更换油泵安全注意事项。

_____

_____

📖 **学习活动鉴定单**

学习目标	鉴定 1	鉴定 2	鉴定 3	鉴定结论	鉴定教师签字
1. 能检查液压助力转向系统				□通过 □不通过	
2. 能维护液压助力转向系统				□通过 □不通过	

📖 学习信息

3.3.1 液压助力转向系统检查

1）转向盘自由行程检查

（1）定义

转向盘自由行程是指转向车轮（前轮）在直线行驶位置时转向盘的空转行程或角度。

（2）作用

适当的转向盘自由行程可以缓和道路的反冲作用，减轻驾驶员的疲劳，并使转向操纵轻松。转向盘自由行程过大，会产生转向迟钝，操纵困难。

（3）检查步骤

①汽车熄火，前轮处于直线行驶状态。

②用手轻微将转向盘分别向左右方向转动。

③测量前轮开始转动前转向盘的移动角度或位移，如图 3-22 所示。

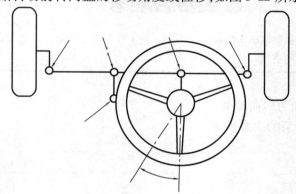

图 3-22 转向盘自由行程检查

技术标准：自由行程规定值为 10～30 mm。具体应根据车型查找厂家规定的标准数据。

2）转向力检查

检查步骤：

①将车辆置于水平路面，使转向盘处于正前方。

②按规定检查轮胎充气压力。

③启动发动机运行至动力转向液温度达到 50～60 ℃。

④发动机怠速运转，用弹簧秤勾住转向盘沿切线方向拉动，如图 3-23 所示，测量转向力，应小于 40 N（具体数值参考维修手册）。

图 3-23 转向力的检查

3）转向传动机构检查

检查步骤：

①把汽车停在干燥、平整的地面，使车辆处于直行状态。

②将发动机熄火，双手握紧转向盘，用力上下左右摇动转向盘（不要转动转向盘），检查是否有松旷现象，如果有松旷发生，检查转向柱和助力转向器，如转向柱、助力转向器损坏且不能维修，需进行更换。

4）储油罐液压油面高度检查

把汽车停在干燥、平整的地面，检查转向储油壶中的助力转向液是否在"HIGH"与"LOW"之间。助力转向液液面高度不在规定范围时，补充或吸出，如图 3-24 所示。必要时，需对转向系统进行排气。

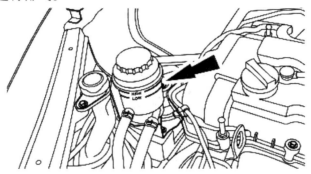

图 3-24　油罐液压油面高度检查

5）回正性能检查

检查步骤：

①启动车辆，直线加速至 35 km/h。

②向左或向右旋转方向盘 90°，保持 1 ~ 2 s 后松开。

③如方向盘能回正的角度超过 70°，车辆回正性能正常。

若回正性能不良，检查下列项目：转向油泵及助力转向器性能、转向柱、轮胎压力和悬架系统。

6）助力转向传动带张力检查

检查步骤：

①检查传动带，确保传动带无损坏，并被正确安装在带轮槽中。

②检查传动带张力，如图 3-25 所示，用 98 N 的力按压动力转向泵带轮与曲轴带轮之间的一点，测其弯曲程度：a 应为 7 ~ 9 mm（由于人力不好控制按压力，可以使用皮带张力计来测量皮带张紧力），皮带张力过小容易打滑，张力过大易损坏轴承。

③重新安装传动带后，顺时针转动曲轴两周，检查传动带张力，如有必要，应进行调整。

7）转向系统泄漏检查

检查步骤：

①启动发动机，向左或向右尽量转动转向盘，以产生最大的液压（注意：转向盘打到极限位置的时间不要超过 10 s）。

②直观检查齿轮箱、动力转向泵、储液罐及其他连接处是否漏液，如图 3-26 所示。

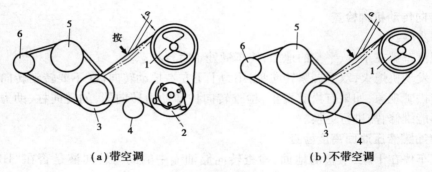

（a）带空调　　　　　　　　　　　（b）不带空调

图 3-25　检查传动带张力

1—动力转向泵带轮；2—空调压缩机带轮；3—曲轴带轮；

4—张紧轮；5—水泵带轮；6—发电机

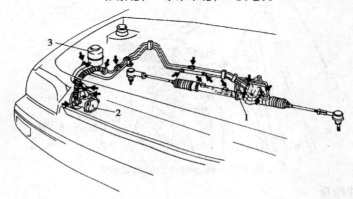

图 3-26　转向系统泄漏检查

1—动力转向器；2—动力转向泵；3—储液罐

8）转向系统是否有空气检查

若油面高度过低，会增大转向阻力且转向不稳定。若油面低，则转向系统容易进空气，转向泵会发出噪声。一般检查油面高度时油温要达到 80 ℃，具体步骤如下：

①当发动机转速达到 1 000 r/min 时，向左右方向分别将转向盘打到底，反复几次使油温升高。

②油温升高后，检查储油罐内是否有泡沫，有泡沫表明液面过低或有空气，需要更换。

③检查储油罐液面高度，关闭发动机油面应在热满标记处。

④发动机停机状态，检查液位与发动机运转时是否相同，液位变化应不超过 5 mm，如图 3-27 所示，若超过 5 mm，需要排气。

⑤若动力转向油不足，在发动机怠速时将厂家规定的液压油加入储油罐内，直到油到热满标记处。

⑥系统不能有渗漏现象，否则应更换各部件的衬垫，并加足液压油至规定的刻度。

9）转向系统真空测试

检查步骤：

①向储油壶加入液压油至 max 标记。

②用专用接头和真空压力泵保持吸压 30 s，如图 3-28 所示，压力为 84～101 kPa。

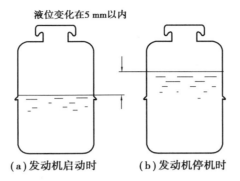

图 3-27　动力转向液面的检查

③观察真空表的读数,若 5 min 内真空气压降低值超过 7 kPa,则检查系统是否有泄漏。

④移开真空压力泵和塞盖,向储油壶加注液压油到 max 标记处。

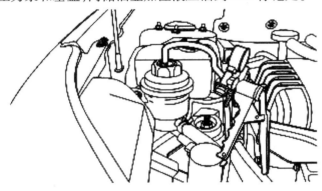

图 3-28　真空测试

10)排除气体的方法

当转向系统中混入空气时,转向油泵会发出"轰隆"的噪声,转向阻力增大且不稳定。排空气步骤参考如下:

①添加液压油到规定标记处。

②然后起动发动机达到 1 000 r/min 时让其怠速运转,将转向盘左、右打满转动几次。

③发动机停转后,检查液压油面,如无起泡和乳化现象,则说明系统中无空气,如有泡沫和乳化现象,则重复步骤①和步骤②。

④在发动机转动时检查液面高度,确认液面在规定标记处,关闭发动机,液面升高应小于 5 mm,若差值过大,则说明液压转向系统中确实有气体存在,应重复上述步骤进行系统放气。

3.3.2　液压助力转向系统维护

1)动力转向液更换

液压助力转向系统的油液在高温高压下工作,容易变质,因此即使油液看起来比较干净,也要定期更换,一般一年更换一次,或按原厂规定更换。更换步骤如下:

①支起车身,拆下储油罐上的加油口盖。

②准备抽油机,将储油罐内的油液抽取出来。

③加注液压油到上刻线。

④启动发动机,左右转动转向盘。

⑤重复步骤②—④,直到抽取出来的油液变干净。

⑥加入符合要求的液压油到规定位置。

⑦启动发动机,检查和排除油路中的空气。

2)转向管路清洗

①举升车辆到接近地面位置,并保证方向盘能自由地从一个锁止位置转到另一个锁止位置。

②拆卸转向油壶固定螺栓,并从支架上取下动力转向储油壶,如图 3-29 所示。

③从储油壶上取下冷却回油管,如图 3-30 所示,让转向液流入适当的容器中。

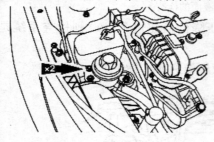
图 3-29 拆卸油壶

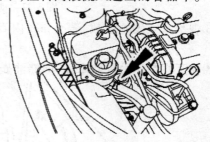
图 3-30 取下冷却回油管

④将冷却回油管的末端放入转向油回收容器中。

⑤将油倒入时要缓慢,以降低气泡产生的可能,且液位应保持在要求的位置内。

⑥向储油壶加注转向液至 max 位置。

⑦起动发动机不超过 30 s,将方向盘从一个极限位置转到另一个极限位置。

⑧在技师的帮助下向储油壶中加入清洁的动力转向油。

⑨重复步骤⑥—⑧直到排除的油是干净为止。

⑩从储油壶上取下盖罩并装回冷却回油管,如图 3-31 所示。

⑪将储油壶装回储油壶支架上,如图 3-32 所示。

⑫降下车辆,重新向储油壶加注动力转向液并排气。

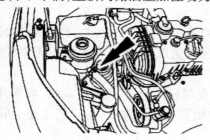
图 3-31 装回油管

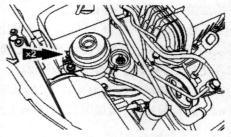
图 3-32 油壶装回支架

3)更换和调整动力转向油泵

①断开蓄电池负极。

②逆时针转动前端轮系张紧器,取出附件传动皮带,如图 3-33 所示。

③拆卸助力转向泵油管。

④断开助力转向泵线束接头。

⑤拆卸助力转向泵前端 2 处固定螺栓及螺母,如图 3-34 所示。

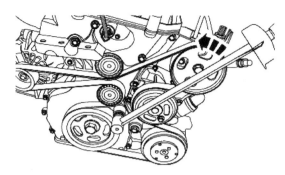

图 3-33　逆时针转动前端轮系张紧器

⑥拆卸助力转向泵后端 2 处固定螺栓，如图 3-35 所示。

⑦按相反顺序安装。注意：按规定力矩固定螺栓，按前面的方法检查和调整皮带张力。

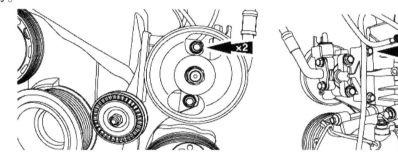

图 3-34　拆卸动力转向泵前端固定螺母　　　图 3-35　拆卸动力转向泵后端固定螺母

任务 3.4　液压助力转向系统故障诊断与排除

📖 任务情境

客户张先生到店反映他的车采用液压助力转向系统，最近低速时转向沉重、转向助力失效。请作为维修技师的你分析该故障的原因，并为客户诊断故障。

📖 学习目标与知识点、技能点清单

学习目标	知识点	技能点
1. 能确认顾客所反映问题	◇确认问题流程	◇和客户一起确认问题
2. 能分析液压助力转向系统典型故障的原因	◇液压助力转向系统典型故障的原因	◇分析液压助力转向系统典型故障的原因
3. 能诊断液压助力转向系统故障	◇液压助力转向系统故障诊断流程	◇诊断液压助力转向系统故障

📖 学习任务

1. 请和客户沟通,根据下表完成顾客反映的问题确认。

客户信息	客户姓名	电话	邮箱
车辆信息	品牌	里程	VIN
	是否有维修经历	□是	□否
	车身外观状况		
客户反映问题			
维修技师确认客户问题			
是否需要路试	□是	□否	

2. 查阅资源,分析液压助力转向系统典型故障的原因,填写下表。

现　象	可能原因
转向沉重或助力不足	
转向回正不良	
汽车直线行驶时转向盘发飘或跑偏	
转向时方向盘抖动	

3. 根据下表的指引,小组协作,在提供的车辆上完成车辆转向助力失效故障的诊断。

步　骤	操作要点
1. 检查助力转向液	检查转向液是否颜色变深或变浅、气味异常、流动性变差。 转向液是否正常? →是 至步骤2; →否 更换助力转向液
2. 检查附件皮带	A. 转动点火开关至"LOCK"位置。 B. 检查附件皮带是否断裂、张紧力不足、打滑。 检查附件皮带是否正常? →是 至步骤3; →否 调整或更换附件皮带

续表

步　　骤	操作要点
3. 检查泄漏	检查转向助力系统油液泄漏情况。 是否有油液泄漏? →是 维修油液泄漏故障; →否 至步骤4
4. 检查转向助力油管	A. 转动点火开关至"LOCK"位置。 B. 检查转向助力油管是否折死、变形、损伤、堵塞。 转向助力油管是否正常? →是 至步骤5; →否 更换转向助力油管
5. 检查油路中是否混有空气	执行转向系统的排气程序。 系统工作是否正常? →是 确认维修完成; →否 至步骤6
6. 检查助力转向泵	A. 拆卸助力转向泵。 B. 安装状态良好的助力转向泵。 系统工作是否正常? →是 确认维修完成; →否 至步骤7
7. 检查转向器	A. 拆卸转向器。 B. 安装状态良好的转向器。 系统工作是否正常? →是 确认维修完成; →否 至步骤8
8. 检查转向柱	转动方向盘,检查转向柱的转动干涉变形的情况。 转向柱是否正常? →是 调整或更换转向横拉杆; →否 调整或更换转向柱

📖 学习活动鉴定单

学习目标	鉴定 1	鉴定 2	鉴定 3	鉴定结论	鉴定教师签字
1. 能确认顾客问题				□通过 □不通过	
2. 能分析液压助力转向系统典型故障的原因				□通过 □不通过	
3. 能诊断液压助力转向系统故障				□通过 □不通过	

📖 学习信息

3.4.1 液压助力转向系统常见故障原因分析

液压助力转向系统常见的故障有转向沉重、转向回正不良、汽车直线行驶时转向盘发飘或跑偏、转向时方向盘抖动等。表 3-1 列出了液压助力转向系统的常见故障及原因。

表 3-1 液压助力转向系统的常见故障及原因

现　象	可能原因
转向沉重或助力不足	➢储油罐缺油或油面高度低于标准 ➢液压回路中有空气 ➢油泵驱动皮带打滑 ➢油管接头密封不好,有泄漏 ➢油路堵塞 ➢油泵磨损 ➢安全阀泄漏,弹簧弹力弱 ➢动力缸或转向控制阀密封不良
转向回正不良	➢转向泵输出压力低 ➢液压回路中有空气 ➢回油管扭曲堵塞 ➢转向控制阀或动力缸发卡
汽车直线行驶时转向盘发飘或跑偏	➢转向控制阀回位不好 ➢转向控制阀阀芯偏离中位 ➢流量控制阀卡滞,动力缸左右腔压力差过大

续表

现　象	可能原因
转向时方向盘抖动	➤储油罐液面低 ➤油路中有空气 ➤转向油泵皮带打滑 ➤转向油泵输出压力不足 ➤转向油泵流量控制阀卡住

3.4.2　液压助力转向系统故障诊断流程

1)问诊

问诊是故障诊断的基础,仔细分析客户提供的故障现象,对维修工作非常重要。可以通过问诊表(表3-2)向客户询问以下几点情况:

①何种:车型;

②何时:发生故障的时间及次数;

③何地:故障产生的道路状况;

④如何:汽车运行条件、故障现象。

表3-2　故障诊断问诊表

客户信息	客户姓名	电　话	邮　箱
车辆信息	品　牌	里　程	VIN
	是否有维修经历	□是	□否
	车身外观状况		
客户反映问题			
技师确认客户问题			
发生故障路况			
是否需要路试	□是　　　　□否		
故障指示灯	□亮　　　　□不亮		

2)一般检查

①检查方向盘自由行程是否正常。

②检查转向操纵力是否正常。

③检查助力转向液:液位是否正常,油质是否正常,助力转向液是否有泄漏。

④检查附件皮带:皮带张力是否正常。

⑤检查转向助力油管:是否弯曲、损伤、泄漏。

⑥检查油路中是否混有空气。

⑦检查助力转向泵:是否有异常噪声。

⑧检查转向器：是否松动、损坏。

⑨检查转向柱：是否松动、损坏。

3）路试

完成问诊和一般检查后，如果不能发现故障或要对故障进行确认，需要进行路试。路试的目的是验证故障发生的条件，并进一步明确故障原因、发现故障点。有时路试需要和顾客一起进行，因为顾客熟悉车辆故障的发生条件。路试需在与出现故障时相似的路况下进行。

任务 3.5　认识电动助力转向系统

📖 任务情境

客户王女士到店选车时，看到车辆配置表上显示转向系统是电动助力转向系统，她向你询问电动助力转向系统的优势。作为销售顾问的你能专业地回答王女士的问题吗？

📖 学习目标与知识点、技能点清单

学习目标	知识点	技能点
1.能描述电动助力转向系统的优点	◇电动助力转向系统的优点	◇描述电动助力转向系统的优点
2.能描述电动助力转向系统的工作过程	◇电动助力转向系统的工作过程	◇描述电动助力转向系统的工作过程
3.能识别电动助力转向系统的组成	◇电动助力转向系统的组成 ◇各部件的作用	◇识别电动助力转向系统的组成

📖 学习任务

知识部分任务

1.电动助力转向系统目前被广泛采用，它有哪些优点？

_____

_____

2.图 3-36 是电动助力转向系统的原理简图，请写出 1—3 号部件的名称。

3.电动助力转向系统需要用到哪些传感器？ _____

其中，扭矩传感器的作用是 _____

4.简述电动助力转向系统的工作过程：

_____

_____

5.图3-36 所示电动助力转向系统提供的助力作用在与齿条相连的转向轴上。请充分发挥想象力,提供不同的新颖的助力方式。

_____

_____

_____

_____

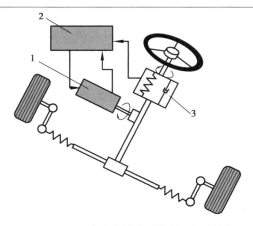

图 3-36　电动助力转向系统的原理简图

实操部分任务

在提供的实车上,识别电动助力转向系统的各组成部件。

序　号	名　　称	序　号	名　　称
1		5	
2		6	
3		7	
4		8	

📖 学习活动鉴定单

学习目标	鉴定 1	鉴定 2	鉴定 3	鉴定结论	鉴定教师签字
1. 能描述电动助力转向系统的优点				□通过 □不通过	
2. 能描述电动助力转向系统的工作过程				□通过 □不通过	
3. 能识别电动助力转向系统的组成				□通过 □不通	

📖 **学习信息**

电动助力转向系统简称 EPS(Electric Power Steering),能十分方便地调节助力特性,使汽车在不同路况下获得不同的助力,提高驾驶员转向时的路感,满足不同驾驶员的需要。

3.5.1　EPS 的优点

前文所述的液压助力转向系统是机械式的,其油泵由发动机皮带带动,只要发动机运转油泵就工作,不管转不转向,存在一定的动力损失。现在很多车型采用 EPS,助力控制模块根据传感器信号来控制助力电机的工作。EPS 具有以下优点:

①只有在转向时电机才提供助力,可显著降低燃油消耗。

②车辆低速行驶时,转向轻便。

③车辆在高速行驶时,操控性好,驾驶员能有清晰的路感,转向盘回正性能好,能提高汽车的稳定性。

④EPS 还可以施加必需的附加回正力矩或阻尼力矩,车辆在低速驾驶时能够精准地将转向盘回到中间位置,在高速驾驶时能够抑制转向盘发抖震动,兼顾了汽车在高、低速行驶时的回正性能,提高了驾驶安全性。

⑤EPS 的结构简单,质量轻,有利于后期维护。

3.5.2　EPS 的工作过程

如图 3-37 所示,EPS 通常由转矩传感器、车速传感器、助力电动机、电磁离合器、电子控制器等组成。

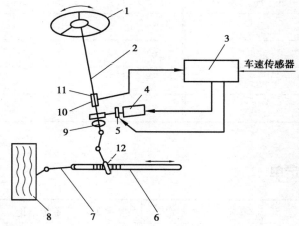

图 3-37　汽车 EPS 的组成

1—转向盘;2—转向轴;3—电子控制器;4—助力电动机;5—电磁离合器;6—转向齿条;
7—横拉杆;8—轮胎;9—输出轴;10—扭力杆;11—转矩传感器;12—转向齿轮

当操纵转向盘时,装在转向盘轴上的转矩传感器(也称转向传感器)不断测出转向轴上的转矩,并由此产生一个电压信号。该信号与车速信号同时输入电子控制器,控制器中的微机根据这些输入信号进行运算处理,确定助力转矩的大小和转向,即选定电动机的电流和方向,调整转向的辅助助力。电动机的转矩由电磁离合器通过减速机构减速增矩后,加在汽车的转向机构上,使之得到一个与工况相适应的转向作用力。

3.5.3　EPS 的主要组成部件

1）转矩传感器

转矩传感器作用是检测转向力大小并以电信号的方式输入 EPS 模块,主要由定子、转子、扭杆等组成,如图 3-38 所示。

转矩传感器总成上,输入轴(转向轴)和输出轴通过一个扭杆相连,如图 3-39 所示。转矩传感器的定子固定在输入轴末端,而转子则固定在输出轴的顶端。定子部分为 PCB(印刷电路板),其上面布置有集成电路 ASIC 和 3 组交错布置的收发线圈,转子部分实际是一块压制金属板,如图 3-40 所示。在驾驶员转向时,因为有扭杆的存在,输入轴和输出轴发生相对运动,转子金属板切割定子收发线圈周围的磁场,从而使定子收发线圈感应出一个交流信号,此交流信号经 ASIC 处理后变成 2 组 PWM 信号提供给 EPS 模块使用,EPS 模块根据此 PWM 信号就可以判断驾驶员的操作意图,如转矩大小、转动方向等。

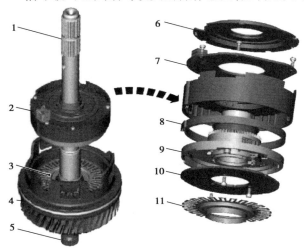

图 3-38　转矩传感器结构

1—输入轴;2—转矩传感器总成;3—托架;4—涡轮;5—输出轴;6—端盖;
7—固定片;8—时钟弹簧;9—定子固定架;10—定子;11—转子

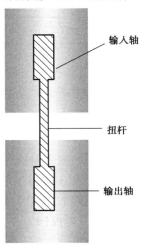

图 3-39　输入轴和输出轴连接关系

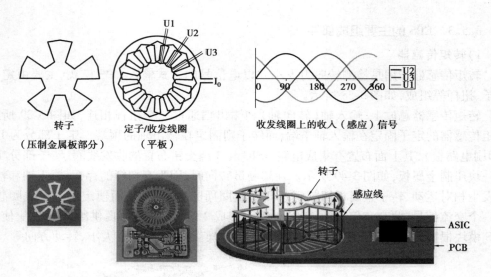

收发线圈上的收入（感应）信号

图 3-40 转矩传感器原理

2）EPS 模块

EPS 模块实物如图 3-41 所示，作用是接收来自其他模块提供的车速、转速等信号，并结合转矩传感器的信号，用于控制通向转向助力电动机的电流，从而控制助力的大小。控制原理如图 3-42 所示。车辆发生跑偏时，EPS 能在一定条件下进行补偿，避免事故的发生。转向系统过热时，EPS 模块会控制助力转向系统进入过热保护模式。

图 3-41 EPS 模块实物

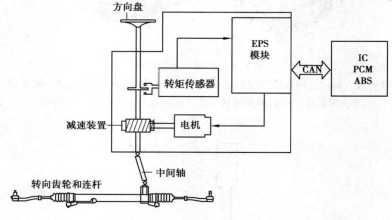

图 3-42 EPS 模块控制原理图

3）转向助力电机

电机由转子、定子和霍尔元件等组成，如图 3-43 所示。EPS 采用无碳刷式交流电机，它由 1 个三相星形连接定子、1 个永磁转子和 3 组霍尔传感器组成。3 组霍尔传感器与转向助力电机集成在一起，用于监测转子的位置，并将位置信号传至 EPS 模块。EPS 模块根据从霍尔传感器输入的转子位置信号，控制流向每个定子的电流，实现智能控制，保证电机在没有碳刷的情况下仍然可以获得稳定持续的运转。

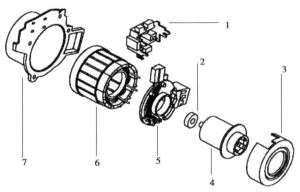

图 3-43　电机

1—固定块;2—轴承;3—密封盖;4—转子;5—霍尔元件;6—定子;7—端盖

4)减速装置

蜗轮蜗杆式减速器的结构如图 3-44 所示。电机驱动蜗杆运转,蜗杆再带动连接在转向柱上的蜗轮,从而实现减速增扭。

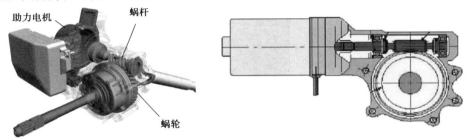

图 3-44　电机减速装置

任务 3.6　电动助力转向系统的检查与故障诊断

📖 任务情境

客户杨先生到店反映他的车助力转向故障指示灯亮了,车子转向时很重。杨先生的车采用电动助力转向系统,作为维修技师,请您为杨先生的车诊断故障。

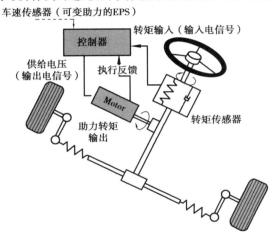

学习目标与知识点、技能点清单

学习目标	知识点	技能点
1. 能分析 EPS 电路图	◇EPS 电路图	◇分析 EPS 电路图
2. 能诊断 EPS 故障	◇EPS 故障诊断流程	◇读取 EPS 故障码 ◇读取 EPS 数据流 ◇标定 ESP 系统

学习任务

知识部分任务

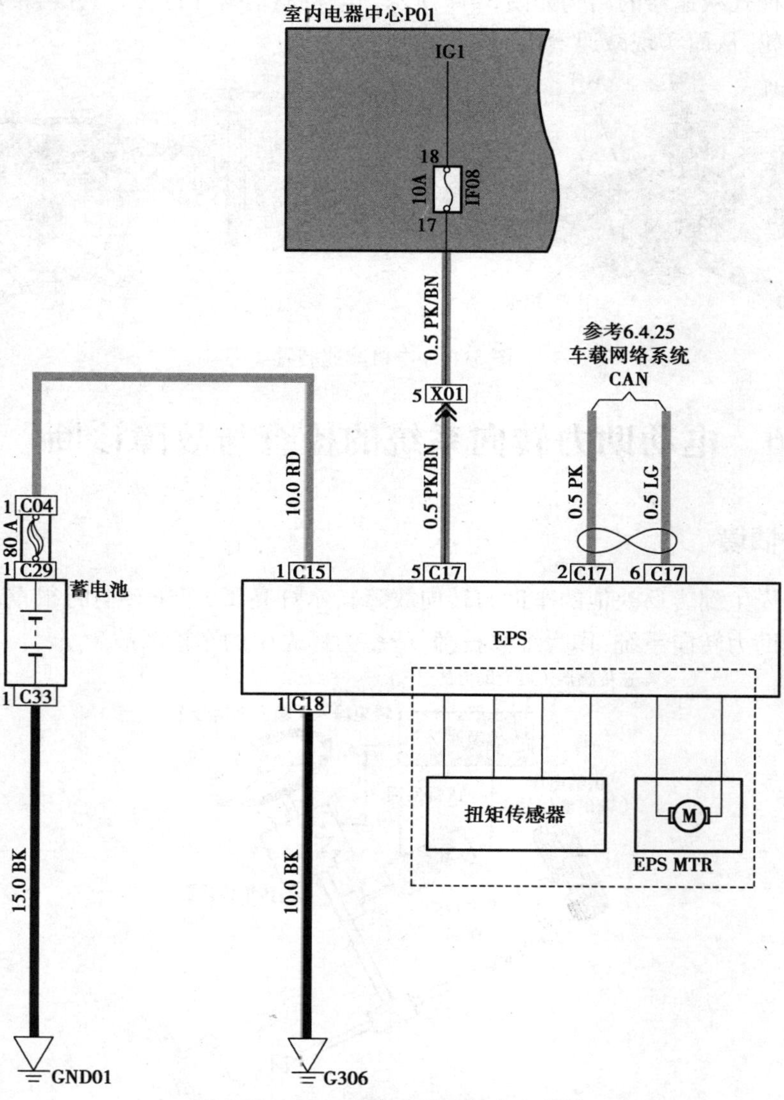

室内电器中心P01

IG1

18

10A   IF08

17

0.5 PK/BN

5 X01

参考6.4.25
车载网络系统
CAN

0.5 PK/BN

0.5 PK   0.5 LG

1 C04

80 A

1 C29   蓄电池

10.0 RD

1 C15   5 C17   2 C17   6 C17

1 C33

EPS

1 C18

扭矩传感器   M

EPS MTR

15.0 BK

10.0 BK

GND01   G306

图 3-45   CS35 的电动助力转向电路图

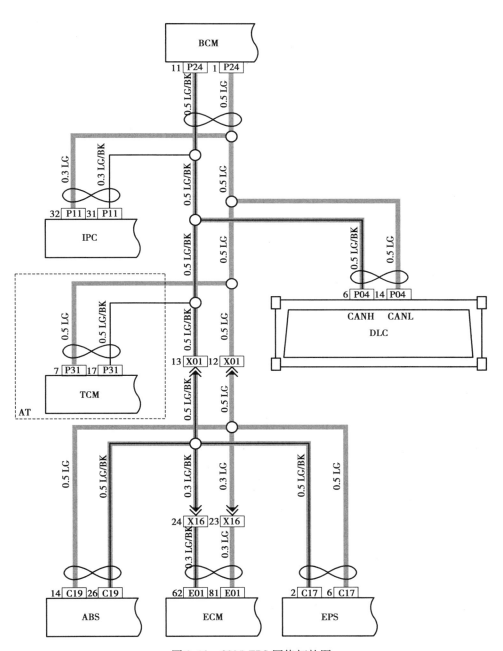

图 3-46　CS35 EPS 网络拓扑图

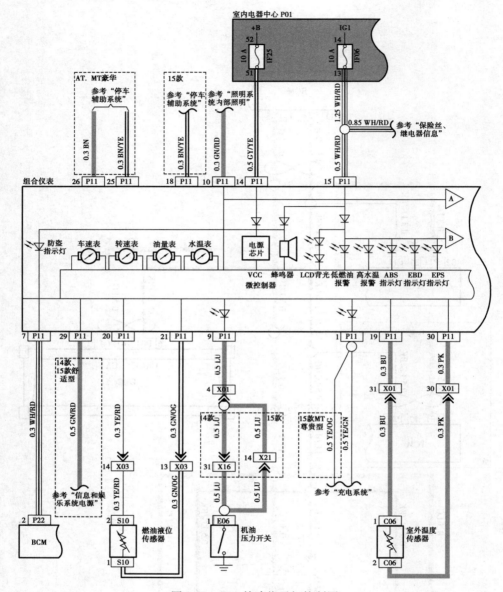

图 3-47　EPS 故障指示灯控制图

图 3-45、图 3-46、图 3-47 是 S35 电动助力转向系统的电路图，请分析电路图完成以下问题。

1. 根据电路图，分析 EPS 故障指示灯的控制逻辑，该灯常亮的原因有哪些？

指示灯控制逻辑：_____

_____

_____

原因：_____

2. EPS 模块供电电压是_____。理论供电电压为：_____。

EPS 模块接地线是_____。

实操部分任务

1. 请和客户沟通,根据下表完成顾客问题确认。

客户信息	客户姓名		电 话		邮 箱
车辆信息	品 牌		里 程		VIN
	是否有维修经历		□是	□否	
	车身外观状况				
客户反映问题					
维修技师确认客户问题					
发生故障路况					
是否需要路试	□是		□否		
故障指示灯	□亮		□不亮		

2. 对 EPS 系统进行初步检查,并将结果填入下表。

EPS 一般检查报告			
检查部位	正 常	不正常	情况说明
检查蓄电池的电压			
检查电动助力转向柱总成是否损伤变形			
检查转向器总成是否松动、损伤			
检查横拉杆、横拉杆球头是否松旷变形			
检查 EPS 保险是否烧坏			
检查线束是否松动			
检查电动助力转向柱总成是否松旷变形			
检查 EPS 控制模块插头是否松动损坏			

3. 使用诊断仪读取故障码,并将结果填入下表。

读取故障码的具体步骤为:

将读到的故障码填写在下表中,并对故障码进行说明。

故障码数字	故障码说明

4. 使用诊断仪读取数据流,回答下列问题。

用诊断仪读取 EPS 扭矩传感器信号,直线行驶时信号 1 为_____,信号 2 为_____。向左转向时信号 1 为_____,信号 2 为_____。向右转向时信号 1 为_____,信号 2 为_____。

5. 转向助力控制器为什么需要连接 CAN 线?有哪些车辆状态信息需要通信?

_____

_____

_____

6. 电脑会存储方向盘的位置,当方向盘位置改变后,需要对其进行 ASP 标定。

以下情况需要标定 ASP:

①EPS 与供电电源(蓄电池)断开。

②中间轴与转向器连接处断开,重新装配改变了_____角度。

标定方法:

①诊断仪标定:请根据诊断仪的提示,对传感器进行标定。

②人工标定:

a. 维修人员坐在车内,将车放置在举升机上举升(轮胎离开地面大于 0.2 m,且轮胎处于直线行驶位置)。

b. 启动发动机,左右来回转动方向盘_____°,然后方向盘回到中间位置。

c. 挂挡,车速表显示大于 50 km/h 时,记录车辆里程数,稳定油门让车轮空转,当新里程数比之间记录大于 0.4 km 时,关闭发动机,放下车辆,按照"中间位置—左极限—中间位置—右极限—中间位置"的顺序转动转向盘,如此操作至少完成两个循环,EPS 将完成 ASP 标定数据的自学习。

📖 学习活动鉴定单

学习目标	鉴定 1	鉴定 2	鉴定 3	鉴定结论	鉴定教师签字
1. 能分析 EPS 电路图				□通过 □不通过	
2. 能诊断 EPS 故障				□通过 □不通过	

📖 学习信息

3.6.1　EPS 故障诊断流程

1)问诊

根据表 3-3 确认客户反映的故障。

表 3-3　故障诊断问诊表

客户信息	客户姓名	电　话	邮　箱
车辆信息	品　牌	里　程	VIN
	是否有维修经历	□是	□否
	车身外观状况		
客户反映问题			
维修技师确认客户问题			
发生故障路况			
是否需要路试	□是	□否	
故障指示灯	□亮	□不亮	

2）一般检查

①检查蓄电池电压是否正常。

②目视检查电动助力转向柱总成是否损伤变形。

③目视检查转向器总成是否松动损伤。

④目视检查横拉杆、横拉杆球头是否松旷变形。

⑤检查保险是否烧坏。

⑥检查线束是否松动。

⑦检查 EPS 控制模块插头是否松动损坏。

3）读取故障码和数据流

利用诊断仪,根据诊断仪的提示读取故障码和数据流,按故障码指引进行故障诊断。

4）故障诊断

表 3-4 为 EPS 警告灯常亮故障诊断流程。

表 3-4　EPS 警告灯常亮故障诊断流程

步　骤	操作要点
1. 用诊断仪访问 EPS 控制模块	使用诊断仪读取故障码。 是否有相应的故障码? →是 根据输出的故障码进行维修; →否 至步骤 2
2. 检修 CAN 总线电路	检修组合仪表与 EPS 控制模块之间的 CAN 总线电路。 网络是否正常? →是 至步骤 3; →否 检修各控制模块的 CAN 网络电路,更换故障模块

续表

步　骤	操作要点
3.检查 EPS 控制模块的电源和接地	A.转动点火开关至"LOCK"位置,断开蓄电池负极线束 B.断开 EPS 控制模块线束接头 C.连接蓄电池负极线束,测量 EPS 控制模块常电供电电压 D.转动点火开关至"ON"位置,测量 EPS 控制模块点火电源供电电压 标准电压值:11 ~ 14 V E.转动点火开关至"LOCK"位置,测量 EPS 控制模块接地线与搭铁之间电阻 标准电阻值:小于 5 Ω 测量值是否正常? →是 至步骤 4; →否 检修故障线路
4.更换电动助力转向柱总成	A.转动点火开关至"LOCK"位置,断开蓄电池负极线束 B.更换电动助力转向柱总成 系统是否正常? →是 确认系统正常; →否 更换组合仪表

3.6.2　ASP 标定

1)标定条件

电脑会存储方向盘的位置,当方向盘位置改变后,我们需要对其进行 ASP 标定。以下情况需要标定 ASP(Angle Sensor Position):

①EPS 与供电电源(蓄电池)断开。

②中间轴与转向器连接处断开,重新装配改变了方向盘角度。

2)标定方法

以 CS35 为例进行说明,其他车型请查阅相关维修手册。

①诊断仪标定:请根据诊断仪的提示对传感器进行标定。

②人工标定:

a.维修人员坐在车内,将车放置在举升机上举升(轮胎离开地面大于 0.2 m,且轮胎处于直线行驶位置)。

b.启动发动机,左右来回转动方向盘 60°,然后将方向盘回至中间位置。

c.挂挡,车速表显示大于 50 km/h 时,记录车辆里程数,稳定油门让车轮空转,当新里程数比之间记录大于 0.4 km 时,关闭发动机,放下车辆,按照"中间位置—左极限—中间位置—右极限—中间位置"的顺序转动转向盘,如此操作至少完成两个循环,EPS 将完成 ASP 标定数据的自学习。

项目 4 汽车四轮定位检查与调整

项目学习目标

通过本项目的学习,学习者应具备安全而正确地检查与调整汽车四轮定位的能力。具体表现为:

1. 职业目标

(1)能描述汽车四轮定位的定义、作用、目的和基准。

(2)能描述汽车四轮定位角度的定义、作用和影响。

(3)能描述汽车四轮定位的原理。

(4)能实施汽车四轮定位前检查。

(5)能利用四轮定位仪检查四轮定位角度。

(6)能利用四轮定位仪调整四轮定位角度。

2. 素质目标

(1)培养执着专注、精益求精、一丝不苟、追求卓越的工匠精神,立志成为大国工匠、能工巧匠。

(2)培养崇尚劳动、热爱劳动、辛勤劳动、诚实劳动的劳动精神。

(3)培养安全意识、标准意识和规范意识。

(4)培养团队协作能力。

学习指南

ST1:明确学习目标及相应的知识点、技能点。

ST2:按照学习任务列表完成每一项任务。知识部分任务需在课前完成,完成该部分任务时,可以参考本书提供的学习信息,利用维修手册及各类教学资源库等学习资源,也可以在课前或上课时向任课教师寻求帮助。任课教师在正式行课时展示知识部分任务的完成情况,实现学习交流。

ST3:实操部分任务,可以在正式行课前自行完成,也可以由任课教师在课堂上安排完成。

ST4:完成任务列表后,根据学习活动鉴定清单进行自查,并进行知识与技能的补充学习。

ST5:任课教师按照学习活动鉴定单进行知识与技能鉴定,学习者平时对学习过程也可以作为鉴定的依据。

任务 4.1　认识汽车四轮定位

📖 任务情境

　　李女士的车最近驾驶时总感觉有些跑偏,经朋友检查发现轮胎存在不正常磨损,朋友解释可能是四轮定位有问题。李女士向你咨询:"什么是四轮定位? 四轮定位对汽车有什么影响?"作为维修技师,你能为李女士解答疑问吗?

📖 学习目标与知识点、技能点清单

学习目标	知识点	技能点
1. 能描述汽车四轮定位的定义、作用、目的和基准	◇车轮定位的定义 ◇车轮定位的作用 ◇车轮定位的目的 ◇车轮定位的基准(推力线、几何中心线、车轮中心线)	◇识别车轮定位的基准
2. 能描述汽车四轮定位角度的定义、作用和对汽车的影响	◇主销后倾角的定义、作用和对汽车的影响 ◇主销内倾角的定义、作用和对汽车的影响 ◇车轮外倾角的定义、作用和对汽车的影响 ◇前束的定义、作用和对汽车的影响	◇在车上和台架上认识四轮定位角度的形成原理,并知道其调整方法

📖 学习任务

知识部分任务

一、四轮定位的定义、作用、目的和基准

　　1. 我们经常在汽车维修站看到"四轮定位"的字样,什么是四轮定位呢? 请查阅资料将以下内容补充完整。

　　所有车轮都有正确的位置和方向。轿车的转向车轮、_____和_____三者之间的安装具有一定的相对位置,这种具有一定相对位置的安装称为转向车轮定位。

　　2. 四轮定位角度有_____、_____、_____、_____。为什么要进行四轮定位呢? 请查阅资料将四轮定位的作用补充完整。

（1）<u>使汽车保持稳定的直线行驶和转向轻便</u>

（2）_____

（3）_____

（4）_____

（5）_____

3.什么情况下需要对汽车进行四轮定位？

（1）<u>直线行驶困难</u>

（2）_____

（3）_____

（4）_____

（5）_____

4.完成如下名词解释。

车轮中心线：_____

几何中心线：_____

推力线：_____

二、四轮定位角度

1.车轮转向时应围绕一根轴转动,这根轴称为主销。就像开关门要围绕合页转动一样,合页就相当于门的"主销"。根据主销的概念,在图 4-1 中圈出摩托车的主销。

图 4-1　摩托车示意图

2.从图 4-1 中可以看出,主销往后倾斜一定角度。结合图 4-2,请说明主销后倾角 γ 的定义：_____

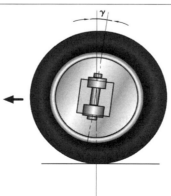

图 4-2　主销后倾角示意图

3. 汽车转向盘有自动回正能力,自动回正作用主要靠四轮定位角度实现,主销后倾角就有自动回正能力,图 4-3 为主销后倾角转向时的受力分析图,假设车轮往右转向,B 点是车轮与路面接触点,A 点是_____与路面接触点。向右转向,汽车有_____方向的离心力,在离心力作用下汽车并没有失去稳定,因为有_____和离心力平衡。

我们知道力和力臂的乘积叫作力矩,即:$M = F \times L$

请说出,路面摩擦力 F 对转动轴(主销)的力矩是多少? 该力矩使车轮的转动方向是往左还是往右? 主销后倾角增大则力矩增大还是减小?

摩擦力 F 对转动轴(主销)的力矩:_____

力矩使车轮的转动方向:　　　　□向左　　　　　□向右

主销后倾角增大使力矩:　　　　□增大　　　　　□减小

原因:_____

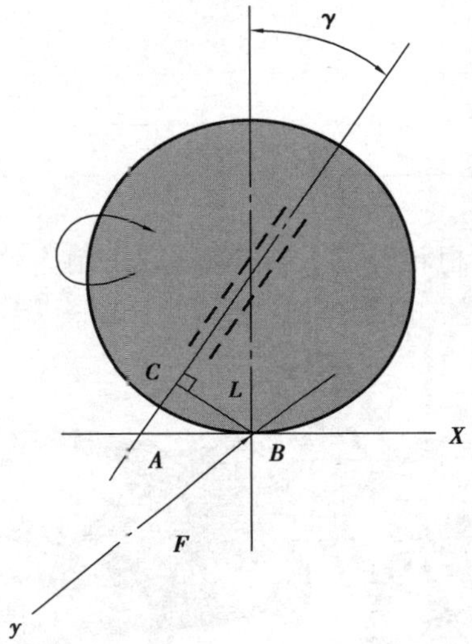

图 4-3　主销后倾角受力分析图

4. 主销后倾角过大或过小对汽车行驶有哪些影响? 为什么现代汽车后倾角有减小的趋势?

_____

_____

_____

5. 左右车轮的主销后倾角不相等会带来什么后果? 为什么?

_____

_____

6. 根据下图将以下几个概念填入相应的横线中。

从图 4-4 我们可以看出,减振器和螺旋弹簧组成悬架支柱,悬架支柱并没有垂直于路面而是向倾斜。我们可以理解悬架支柱就是车轮转向的主销。

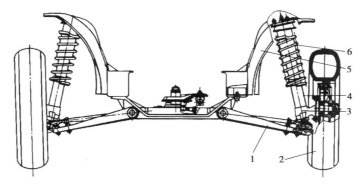

图 4-4　主销内倾角示意图

1 _____;2 _____;3 _____;4 _____;5 _____;6 _____。

7. 根据图 4-5,将以下空格补充完整。

1:_____;2:_____;β:_____;c:_____

c 过大或过小对汽车有什么影响? _____

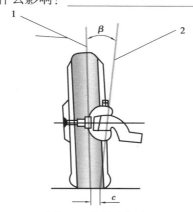

图 4-5　主销内倾角

8. 主销为什么要向内倾斜一个角度呢? 请查阅资料,写出主销内倾角的主要作用。

_____

_____

9. 如图 4-6 所示,主销内倾角为 0°,将车轮偏转 180°后,对应图 4-7 中哪幅图形? 请将答案勾选在方框里。　A □　　　B □

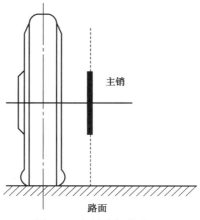

主销

路面

图 4-6　主销内倾角为 0°

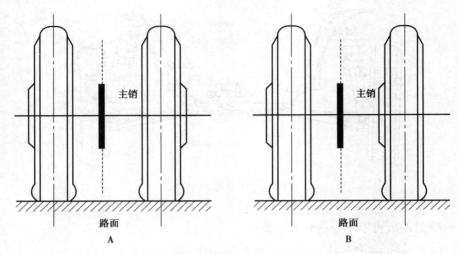

图 4-7　车轮偏转 180°后示意图

10. 如图 4-8 所示,主销内倾角为正,将车轮偏转 180°后,对应图 4-9 中哪幅图形? 请将答案勾选在方框里。　A □　　　　B □

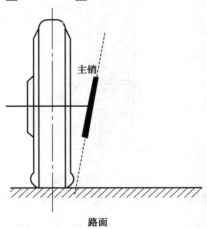

图 4-8　主销内倾角为正

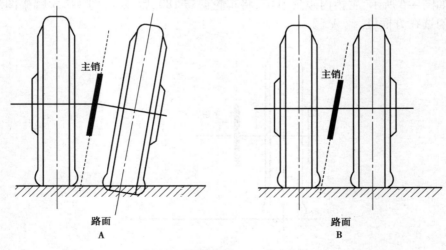

图 4-9　车轮偏转 180°后示意图

　　由此可知,当车轮沿着正主销内倾角转向时,车轮下部会向下陷,但路面是硬的,车轮不会陷入路面以下,反过来车轮会_____,使整个汽车前部抬高。当不转向时,抬高的汽车前部在_____势能的作用下恢复到正常位置,从而产生方向盘自动回正作用。

11. 当主销内倾角为正时,偏置 c 会增大还是减小? 偏置 c 变化对汽车有什么好处?

□增大　　　　　　　□减小

好处:_____

12. 主销内倾角过大、过小和左右不等对汽车行驶分别有哪些影响?

过大:_____

过小:_____

左右不等:_____

13. 转向轮安装时并非垂直于路面,而是向外倾斜一个角度,如图 4-10 所示,车轮中心平面与_____的夹角称为车轮外倾角。

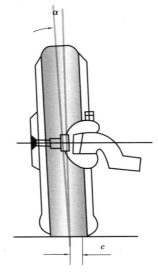

图 4-10　车轮外倾角

　　外倾角有零外倾,正外倾和负外倾。查阅资料,将图 4-11 补充完整,提示:可选零外倾、正外倾、负外倾。

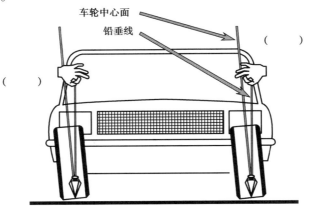

图 4-11　车轮外倾角示意图

14. 由于主销与衬套之间、轮毂与轴承等处都存在装配间隙,若空车时车轮的安装正好垂直于路面,则满载时上述间隙发生变化,车桥也因承载而变形,引起车轮向_____倾斜。

15. 车轮内倾的受力如图 4-12 所示。F 是地面对车轮的力,根据平行四边形法则,可将 F 分解为向外的分力 F_1 和轮胎中心平面方向的力 F_2。请问向外的分力 F_1 对汽车有什么危害?

_____

_____

16. 请分析车轮正外倾的受力情况,并画在图 4-13 上。查阅资料,说明车轮正外倾的好处?

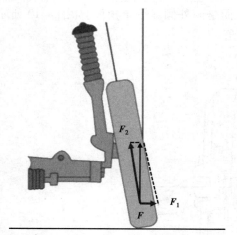
图 4-12　车轮内倾受力图

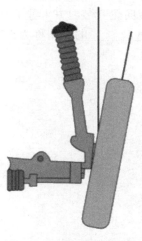
图 4-13　车轮外倾受力图

正外倾角的好处:
(1)减低作用于转向节上的负荷_____
(2)_____
(3)_____
(4)_____
(5)_____

17. 如果车轮外倾角过大对汽车有什么影响?

_____

_____

18. 车轮安装在车桥上,两前车轮的中心平面并不平行,如图 4-14 所示,其前端略向内侧收束,这种现象称为_____。

A 表示_____;B 表示_____;$A-B$ 表示_____。

前束的作用:_____

_____

前束也可以用角度来表示,请查阅资料说出前束用角度来表示的定义:_____

_____

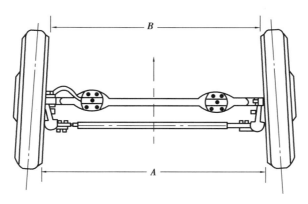

图 4-14　前束示意图

19. 如图 4-15 所示，主销内倾角和车轮外倾角在一个平面，包容角 = ＿＿＿＿＿

+＿＿＿＿＿。

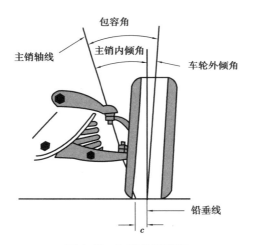

图 4-15　包容角示意图

包容角的作用：＿＿＿＿＿＿＿＿＿＿＿＿＿＿＿＿＿＿＿＿＿＿＿＿

实操部分任务

在提供的台架或车辆上，观察并指出四轮定位角度通过什么部件形成，这些角度能否调整，将结果填在下表中。

四轮定位角度	形成部件	能否调整
主销后倾角		□能 □不能
主销内倾角		□能 □不能
车轮外倾角		□能 □不能
前束		□能 □不能

📖 学习活动鉴定单

学习目标	鉴定 1	鉴定 2	鉴定 3	鉴定结论	鉴定教师签字
1. 能描述汽车四轮定位的定义、作用、目的和基准				□通过 □不通过	
2. 能描述汽车四轮定位角度的定义、作用和对汽车的影响				□通过 □不通过	

📖 学习信息

4.1.1　四轮定位的定义、作用、目的和基准

1）四轮定位的定义

所有车轮都有正确的位置和方向。轿车的转向车轮、转向节和前轴三者之间的安装具有一定的位置,这种具有一定相对位置的安装叫作转向车轮定位,也称前轮定位。前轮定位包括主销后倾(角)、主销内倾(角)、前轮外倾(角)和前轮前束 4 个内容。对两个后轮来说,也同样存在与后轴之间安装的位置,称后轮定位。后轮定位包括车轮外倾(角)和后轮前束。前轮定位和后轮定位总起来称为四轮定位。

2）四轮定位的作用

为保证汽车稳定的行驶,应使转向轮具有自动回正作用,即转向轮偶遇外力作用发生偏转时,外力消失后,能立即回到直线行驶位置。这种自动回正作用是由转向轮定位参数来保证实现的。四轮定位作用有:

①使汽车保持稳定的直线行驶和转向轻便。

②保证转向后转向(前)轮可以自动回正。

③减少轮胎和转向机件的磨损。

④使轮胎与车身保持最佳行驶角度,提高抓地力,同时保证舒适性。

⑤减小轮胎与地面的阻力,相应减少燃油消耗。

3）四轮定位的目的

四轮定位的目的是保证汽车操纵稳定性、方向稳定性及最小的轮胎磨损。当车辆出现以下情况时需要进行四轮定位:

①直线行驶困难。

②前轮摇摆不定,行驶方向漂移。

③轮胎出现不正常磨损。

④汽车更换悬架系统、转向系统有关部件。

⑤碰撞事故维修后。

4）四轮定位的基准

①车轮中心线:轮胎上垂直于车轴的中心线,如图 4-16 所示。

②几何中心线:车身纵向中心平面和过前后两车轴水平面的交线,如图 4-16 所示。

③推力线:后轮总前束的角平分线,如图 4-16 所示。

4.1.2　四轮定位角度

1)主销后倾角

(1)定义

如图 4-17 所示,汽车水平停放时,在汽车的纵向垂面内,主销上部向后倾斜一个角度 γ,称为主销后倾角。

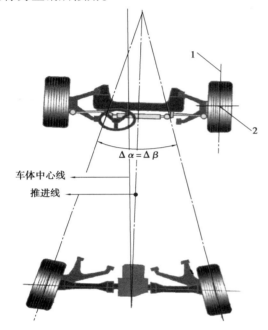

图 4-16　四轮定位基准

1—车轮中心线;2—车轴

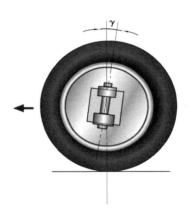

图 4-17　主销后倾角示意图

(2)受力分析

如图 4-18 所示,假设汽车向左行驶,ef 为铅垂线,ac 为主销轴线,ef 和 ac 的夹角为主销后倾角 γ,铅垂线和路面的交点为 b,主销轴线和路面的交点为 a。假设汽车向右转向,由于离心力的作用,车轮上有一个向左的离心力 F_1,而车轮并没有在离心力下打滑,是因为路面有一个摩擦力 F_2 与之平衡,如果路面摩擦力小于转向时的离心力车轮就会打滑,如在冰雪路面。

摩擦力 F_2 作用在车轮和路面的交点 b 上,路面摩擦力 F_2 到车轮的转向轴线,也就是主销轴线 ac,有一个力臂 bg,长度为 l,力和力臂的乘积等于力矩,所以路面摩擦力 F_2 在车轮上作用了一个力矩 $M=F_2 \times l$,此力矩称为回正力矩。回正力矩方向向左,所以当驾驶员向右转向后松开方向盘,在回正力矩 M 的作用下,车轮可以回正到直线行驶位置。

(3)作用

①方向盘自动回正作用。通过上述分析,主销后倾角的存在使轮胎有了回正力矩 M。在汽车转向后的回正过程中,此力矩可帮助驾驶员使转向车轮回正。

②汽车直线行驶的稳定作用。在汽车行驶过程中,若转向轮偶然受到外力作用,这个外力必须先克服回正力矩才能使转向轮偏转,所以主销后倾角有使汽车直线行驶稳定

的作用。

　　主销轴线向后倾斜,主销后倾角为正,向前倾斜,主销后倾角为负,主销垂直地面,主销后倾角为零。主销后倾角一般取 $2°\sim4°$。目前,高速轿车广泛采用低压胎,轮胎与地面接触面增大,稳定性提高,因此后倾角有减小的趋势,甚至为负值,但不超过$-1°$。主销后倾角越大,越有利于直线行驶的稳定性,但将加大转向盘的转动力矩。

　　(4)对汽车的影响

　　①主销后倾角过大。如图 4-19 所示,主销后倾角 $\gamma_2>\gamma_1$,力臂 $L_2>L_1$,同样路面摩擦力下,力臂越长,力矩越大。所以,主销后倾角越大,回正力矩越大,越有利于直线行驶的稳定性,但会加大转向盘的转动力矩,因为转向时必须先克服回正力矩才能转向。

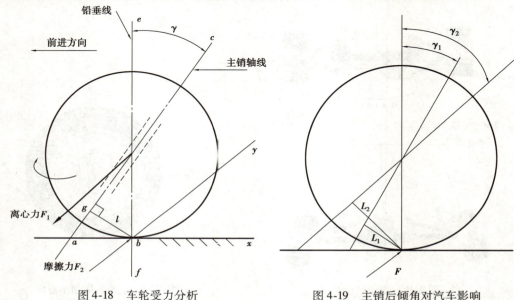

图 4-18　车轮受力分析　　　　　图 4-19　主销后倾角对汽车影响

　　②主销后倾角过小。主销后倾角过小会造成不稳定,转向后缺乏方向盘自动回正能力,高速行驶时发飘。

　　③左右不等。汽车左前轮和右前轮主销后倾角相差过大,会引起汽车向后倾角小的方向跑偏。主销后倾角小,回正力矩小,车轮没有回正,所以汽车向没有回正侧的方向跑偏。尽管有时左右两前轮的主销后倾角都没有超出标准,但它们的差值超过一定限度也要发生跑偏。所以,提出"总后倾角"概念,指两侧车轮主销后倾角的差值,一般为 $0.5°$ $\sim1°$。

　　2)主销内倾角

　　(1)定义

　　主销安装在前轴上,其上端略向内侧倾斜,这种现象称为主销内倾。在汽车横向平面内,主销轴线与铅垂线之间的夹角称为主销内倾角,如图 4-20 所示。

　　(2)作用

　　①转向操纵轻便作用。如图 4-21 所示,由于主销内倾,主销轴线的延长线的交点至车轮中心平面交点之间的距离 c 缩短,称 c 为"偏置""转向半径"或"摩擦半径"。转向时,路面作用在转向轮上的阻力对主销轴线产生的力矩减小,从而减小转向时驾驶员施加在转向盘上的力,使转向操纵轻便。

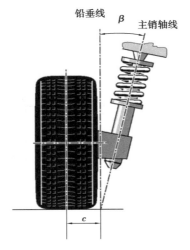

图 4-20　主销内倾角示意图

②转向轮自动回正作用。如果主销后倾角为 0°,车轮位置如图 4-21(a)所示。车轮偏转 180°后(实际上车轮不能偏转 180°),车轮位置如图 4-21(b)所示,相当于做了一个镜像,如同人照镜子一样。

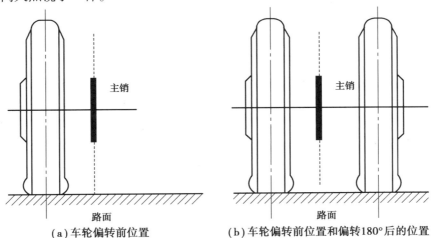

（a）车轮偏转前位置　　　　　　　（b）车轮偏转前位置和偏转180°后的位置

图 4-21　主销后倾角为 0°

如果主销后倾角为正,车轮位置如图 4-22(a)所示。车轮偏转 180°后,车轮位置如图 4-22(b)所示。由此可知,当车轮沿着正主销后倾角转向时,车轮下部会陷入路面以下,但路面是硬的,车轮下边缘不可能陷入路面之下,而是车轮连同整个汽车前部被向上抬起相应高度。一旦外力消失,转向轮就会在汽车前部重力作用下,自动回正到旋转前的位置。主销内倾角越大,转向轮偏转角越大,汽车前部就抬起得越高,转向轮自动回正的作用就越大。

（3）对汽车的影响

①主销内倾角过大。主销内倾角过大,偏置 c 很小,转向时,车轮在滚动的同时将与路面产生较大的滑动,增加轮胎与路面的摩擦阻力,这不仅使转向沉重,还会加速轮胎的磨损,故主销内倾角一般不大于 8°。

②主销内倾角过小。主销内倾角过小,偏置 c 增大,汽车的行驶稳定性和制动稳定性

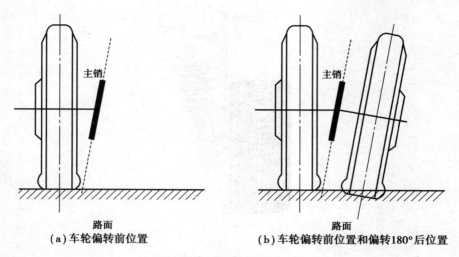

（a）车轮偏转前位置　　　　　　（b）车轮偏转前位置和偏转180°后位置

图 4-22　主销后倾角为正

变差。在一些发动机前置前轮驱动的轿车上，为了使汽车具有良好的行驶稳定性，特别是制动稳定性，主销内倾角均较大。

3）车轮外倾角

（1）定义

如图 4-23 所示，车轮旋转平面与垂直于车辆支承面的纵向平面之间的夹角称为车轮外倾角。

由于主销与衬套之间、轮毂与轴承等处都存在装配间隙，若空车时车轮正好垂直于路面，如图 4-24 所示，则满载时上述间隙发生变化，车桥也因承载而变形，引起车轮向内倾斜，如图 4-25 所示。因此空车时，车轮有一点外倾，载荷时车桥因承载变形，车轮就变位垂直于路面了。

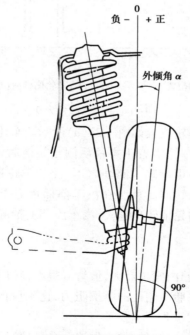

图 4-23　车轮外倾角

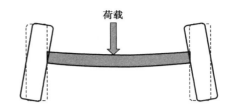

图 4-24　空载时车轮垂直路面　　　　　　图 4-25　载荷情况下车轮内倾

（2）受力分析

①车轮内倾时受力分析。如图 4-26 所示，路面作用于车轮上的垂直力为 F，根据平行四边形法则，力 F 可分解为沿着车轮平面方向的分力 F_1 和水平方向的分力 F_2。向外的轴向分力 F_2 压向轮毂外端的小轴承，使该轴承及其锁紧螺母等承受的载荷增大，降低它们的使用寿命，严重时会损坏锁紧螺母而使车轮脱落。

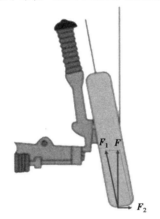
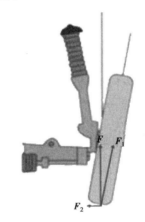

图 4-26　车轮内倾时的受力情况　　　　　图 4-27　车轮外倾时的受力情况

②车轮外倾时受力分析。如图 4-27 所示，路面作用于车轮上的垂直力为 F，根据平行四边形法则，力 F 可分解为沿着车轮平面方向的分力 F_1 和水平方向的分力 F_2。F_2 向内，不会出现上述情况。

③作用。通过上述受力分析，安装车轮时要预先留有一定的外倾角。这样做的好处有：减低作用于转向节上的负荷；防止车轮滑脱；重载时防止内倾；减小转向操纵力；减少磨损。

④对汽车的影响。车轮外倾角不宜过大，也不宜过小，过大会造成轮胎外侧磨损，过小会造成轮胎内侧磨损，一般前轮外倾角为 1°左右。车轮外倾角。与主销总后倾角一样，如果总车轮外倾角（两侧车轮外倾角的差）超过一定值，汽车也要发生跑偏（向外倾角大的一侧跑偏）。总外倾角一般为 0.5°~1°。

4）前束

（1）定义

车轮安装在悬架上，当两前车轮的中心平面不平行时，其前端略向内侧收束，这种现象称为前轮前束。两前轮后端距离 A 大于前端距离 B，其差值称为前束值，如图 4-28 所示。

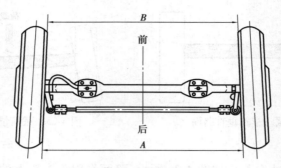

图 4-28　前束示意图

（2）作用

前轮前束的作用是消除因车轮外倾所造成的不良后果，保证车轮不向外滚动，防止车轮侧滑和减轻轮胎的磨损。由于车轮外倾，汽车行驶时，两个车轮的滚动类似于两个锥体的滚动，其轨迹不再是直线，而是逐渐向各自的外侧滚开。但因受车架和转向横拉杆的约束，两侧车轮不可能向外滚开，这样，车轮在路面上滚动行驶的同时又被强制地拉向内侧，产生向内的侧滑，从而加剧轮胎的磨损。有了前束，车轮滚动的轨迹是向内侧偏斜，只要前束值与车轮外倾角配合适当，车轮向内、外侧滚动的偏斜量就会相互抵消，使车轮每一瞬间的滚动方向都朝着正前方，从而消除了侧滑，减轻了轮胎的磨损。

前轮前束值可以通过改变转向横拉杆的长度来调整，如图 4-29 所示，一般前束值为 0 ~ 12 mm。前端距离比后端距离小时称为前束，前端距离比后端大时称为前展，也称负前束。

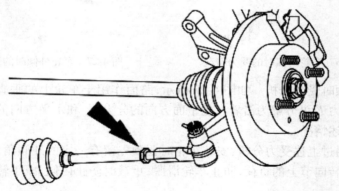

图 4-29　前束调整示意图

4.1.3　四轮定位不良对汽车的影响

1）四轮定位不良引起的行驶故障（表 4-1）

表 4-1　四轮定位不良引起的行驶故障

四轮定位角度	原　因	故障情况
主销后倾角	太大	转向时方向盘太重
	太小	直行时方向盘摇摆不定、转向后不能自动回正
	不等	直行时车子往小后倾角边拉

续表

四轮定位角度	原　因	故障情况
车轮外倾角	太大	轮胎外缘磨损、悬架配件磨损
	太小	轮胎内缘磨损、悬架配件磨损
	不等	直行时车子往大外倾角边跑偏
前束	正前束过大	轮胎外缘羽毛状磨损、轮胎内缘磨损、方向盘不稳定
	负前束过大	轮胎内缘羽毛状磨损、轮胎外缘磨损、方向盘不稳定

2）行驶故障及原因

值得注意的是,汽车行驶故障虽然与四轮定位不良密切相关,但也不完全由四轮定位不良引起,主要原因见表4-2。

表4-2　行驶常见故障原因

行驶故障	可能原因
方向盘太重	后倾角太大、车轮动态或静态不平衡、车轮中心点产生凸轮效应、发动机不平衡发抖、制动盘厚薄不均
方向盘不正	后轮前束不良造成推进线歪斜、转向系统不正
轮胎块状磨损	车轮静不平衡、后轮前束不良
偏向行驶	左右后倾角或外倾角不相等、车身高度左右不等、左右车轮气压不等、左右轮胎尺寸不等、轮胎变形、转向系统卡住、制动片卡住
轮胎羽毛状磨损	前束不良
轮胎单边磨损	外倾角不良
凹凸波状磨损	车轮动态不平衡、后轮前束不良

任务4.2　四轮定位检查与调整

📖 任务情境

李女士的车最近驾驶时总感觉有些跑偏,轮胎也不正常磨损,推测是四轮定位有问题。李女士到店希望对自己的车进行四轮定位检查与调整,作为维修技师,你能完成任务吗?

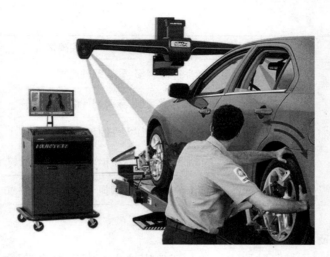

📖 学习目标与知识点、技能点清单

学习目标	知识点	技能点
1.能实施汽车四轮定位前检查	◇汽车四轮定位前检查流程	◇实施汽车四轮定位前检查
2.能利用四轮定位仪检查四轮定位角度	◇汽车四轮定位检查流程	◇利用四轮定位仪检查四轮定位角度
3.能利用四轮定位仪调整四轮定位角度	◇汽车四轮定位角度调整方法	◇利用四轮定位仪调整四轮定位角度

📖 学习任务

一、四轮定位前检查

1.查阅维修手册,列出四轮定位检查与调整所需的工具。

2.根据下表,完成车辆基本检查。

车辆基本检查表		
检查项目	数　据	结　　论
车辆在举升机上停放是否周正	—	是□　　　否□
后轮是否全部停放在后滑板上	—	是□　　　否□
转角盘和后滑板锁销是否在锁止状态	—	是□　　　否□
车辆 VIN 码		
车辆生产年月		
方向盘是否在正中位置	—	是□　　　否□

3. 根据下表,完成轮胎检查。

轮胎检查表						
检查项目		左 前	右 前	左 后	右 后	备 胎
轮胎	磨损					
	压力					
	型号是否一致					
	轮胎花纹深度					
	状况(裂纹)					

4. 根据表下,完成车轮检查。

车轮检查表						
检查项目		左 前	右 前	左 后	右 后	备 胎
车轮	尺寸的一致性					
	状态(损伤、弯曲)					
	车轮轴承轴向间隙					
	制动拖滞					
	状况(裂纹)					

5. 根据下表,完成车身高度检查。

车身高度检查表				
车辆高度	左 前	右 前	左 后	右 后

6. 根据下表,完成底盘检查。

底盘检查表			
检查项目	数 据	结 论	
转向横拉杆及球头是否变形	—	是□	否□
转向机左右护套是否破裂	—	是□	否□
左右转向节是否有裂纹	—	是□	否□
左右下控制臂衬套是否老化变形	—	是□	否□
前稳定杆有无弯曲或损坏	—	是□	否□
左右下控制臂是否有裂纹变形	—	是□	否□
减振器是否漏油变形损坏	—	是□	否□
螺旋弹簧是否锈蚀变形	—	是□	否□

提示:初步检查发现的问题必须及时处理。

二、四轮定位角度的检查与调整

1. 查阅资料或观看四轮定位视频,写出四轮定位角度调整的主要步骤。

_____

_____

_____

_____

2. 查阅提供车型的标准四轮定位参数并将结果填入下表中。

四轮定位标准参数			
车　型		制造年月	
前轮定位参数	前轮前束		
	前轮外倾角		
	主销后倾角		
	主销内倾角		
后轮定位参数	后轮前束		
	后轮外倾角		

3. 检查和调整提供车辆的四轮定位参数,将结果填入下表中。重要提示:先调后轮再调前轮,先调外倾后调前束。

四轮定位参数调整			
调整项目		调整前数据	调整后数据
前轮定位参数	前轮前束		
	前轮外倾角		
	主销后倾角		
	主销内倾角		
后轮定位参数	后轮前束		
	后轮外倾角		

📖 学习活动鉴定单

学习目标	鉴定1	鉴定2	鉴定3	鉴定结论	鉴定教师签字
1. 能实施汽车四轮定位前检查				□通过 □不通过	

续表

学习目标	鉴定 1	鉴定 2	鉴定 3	鉴定结论	鉴定教师签字
2. 能利用四轮定位仪检查 四轮定位角度				□通过 □不通过	
3. 能利用四轮定位仪调整 四轮定位角度				□通过 □不通过	

学习信息

以百斯巴特四轮定位仪为例,讲解四轮定位操作过程。

4.2.1　四轮定位前检查

1）位置 1

如图 4-30 所示,举升机处于驶入时的最低位置。

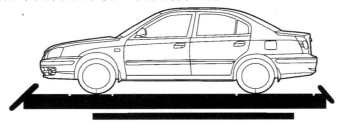

图 4-30　位置 1

（1）检查车辆停放情况

检查车辆在举升机上停放是否周正、后轮是否全部停放在后滑板上、转角盘和后滑板的销子是否在锁止状态。

（2）车辆识别

找到车辆 VIN 码并记录、确定车辆生产日期、记录 4 个车轮的标准胎压。

（3）方向盘检查

方向盘解锁,检查方向盘是否在正中位置。

（4）检查轮胎和轮辋

目视检查轮胎和轮辋是否有裂纹和损坏、是否有异常或过度磨损,测量 4 个胎面中间沟槽深度,使用胎压表检查气压并调整到标准值,检查钢圈是否过度变形损坏或腐蚀。

（5）打开电脑选择车型数据

电脑上输入轮胎型号、气压和轮胎沟槽深度值。

2）位置 2

如图 4-31 所示,举升机升高到车下可进入,平台落锁。

（1）检查转向连接机构

检查左右转向横拉杆及球头是否变形破裂、转向机左右护套是否破裂、左右转向节是否有裂纹。

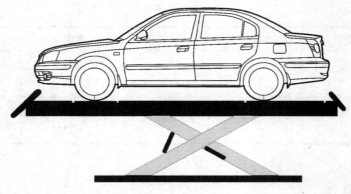

图 4-31　位置 2

（2）检查前轴悬架

检查左右前下控制臂衬套是否老化变形、前稳定杆是否弯曲损坏、减振器是否漏油变形损坏、螺旋弹簧是否锈蚀变形。

（3）检查后轴悬架

检查左右后减振器是否变形、漏油损坏、螺旋弹簧是否锈蚀变形、后桥是否有明显变形损伤。

4.2.2　四轮定位角度的检查与调整

1）位置 3

如图 4-32 所示，举升机平台落入低位适合操作位置。

图 4-32　位置 3

（1）安装传感器

安装卡具、传感器，如图 4-33 所示，连接传感器电缆。

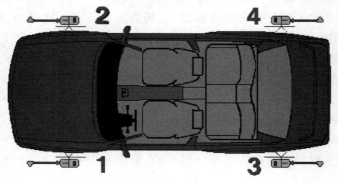

图 4-33　传感器安装示意图

（2）变速箱挡位调整

将挡位调整到空挡,放松手刹。

2)位置 4

如图 4-34 所示,升起小剪,车轮悬空 10 cm 左右。对 4 个车轮进行轮毂偏位补偿,补偿结束后拔出转角盘和后滑板的固定销。

图 4-34　位置 4

3)位置 5

如图 4-35 所示,小剪回位,大剪低位落锁。

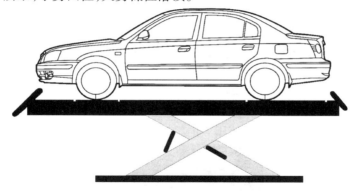

图 4-35　位置 5

（1）举升机操作

车辆前轮落在转盘中心,后轮落在后滑板上,移开后轮挡块,拉起手刹。

（2）车辆检查的准备工作

振动前后悬架数次,使减振器复位,用刹车锁锁住刹车踏板,如图 4-36 所示。

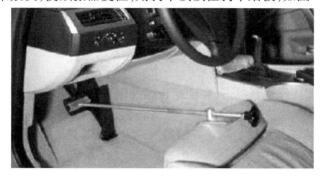

图 4-36　锁住刹车踏板

（3）检查车辆

车轮方向对中，传感器调节水平，如图 4-37 所示。左、右转向 20°，如图 4-38 所示，当箭头在绿色区域时，证明转向盘打到 20°，应停止转动转向盘。

图 4-37　传感器调节水平

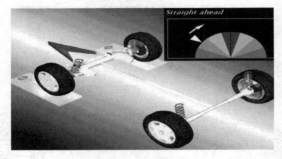

图 4-38　向右旋转 20°

（4）定位调整的准备工作

转动方向盘使车轮方向对中，使用方向盘锁锁定方向盘，如图 4-39 所示。

图 4-39　锁定方向盘

4）位置 6

如图 4-40 所示，操作举升机，升高到适合调整位置并落安全锁。

（1）后桥数据检查调整

根据电脑提示检查调整后桥车轮外倾角和前束。很多车型后桥数据不可调整，如果后桥参数异常，可能是后桥变形、悬架变形损坏等造成的。

（2）前桥外倾角检查调整

根据电脑提示检查调整前桥车轮外倾角。

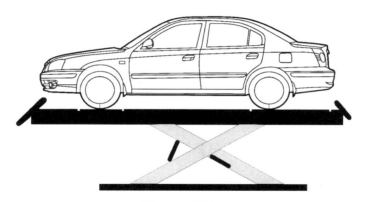

图 4-40　位置 6

（3）前轮前束检查调整

松开转向横拉杆螺母,如图 4-41 所示。调整前轮前束到规定范围内,将横拉杆螺母用扭力扳手按规定力矩上紧。

图 4-41　转向横拉杆螺母

5）位置 7

如图 4-35 所示,大剪低位落锁。

①检查车辆。检查刹车锁,检查车轮方向是否对中,调节传感器水平,进行左右 20°转向测量。

②打印检测报告。

③传感器放回到机柜充电。

6）位置 8

设备复位后,举升机回到最低位置。

①升起举升机小剪,使车轮悬空（图 4-34）。

②还原转角盘和后滑板的固定销。

③降落小剪举升机回到最低位置。

④定位仪复位。拆下卡具挂好,定位仪程序复位,刹车锁回位,车辆支撑块、挡块回位。

⑤降落大剪举升机回到最低位置。

⑥整理工位。

参考文献

[1] 张晋源,兰文奎. 实施汽车转向与悬架系统维修[M]. 北京:北京理工大学出版社,2015.

[2] 曾鑫,熊力. 汽车行驶·转向·制动系统检修[M]. 2版. 北京:人民邮电出版社,2014.

[3] 韩东. 汽车底盘结构、原理与维修[M]. 北京:机械工业出版社,2017.

[4] 刘冬生,陈崇月,荆红伟. 汽车底盘构造与检修[M]. 北京:机械工业出版社,2017.

[5] 盛国超,冯林涛,叶鹏筠. 汽车底盘构造与检修:书证融通版[M]. 北京:机械工业出版社,2022.